CHARLES LEGRAS

Terre d'Irlande

PARIS
LIBRAIRIE PAUL OLLENDORFF
28 *bis*, RUE DE RICHELIEU, 28 *bis*

1898

Terre d'Irlande

DU MÊME AUTEUR

Dictionnaire de Slang et d'Expressions fa-
milières anglaises. Chez Garnier frères....   3 fr.

CHARLES LEGRAS

Terre d'Irlande

PARIS

LIBRAIRIE PAUL OLLENDORFF

28 *bis*, RUE DE RICHELIEU, 28 *bis*

1898

A M. CHARLES LELIÈVRE

MON GRAND-PÈRE

Ce livre ne contient pas une ligne d'appréciation *personnelle* sur la politique *actuelle* en Irlande. J'ai exposé sans commentaires la situation des partis. Quand j'ai rappelé — le moins possible — la politique passée de l'Angleterre vis-à-vis de l'Ile Sœur, je n'ai fait que de l'histoire, et les appréciations des Anglais sur la conduite de Cromwell et des Stuarts sont aussi sévères que les miennes.

Une seule fois j'ai pris parti pour la Protection contre le Libre-Échange.

Dans mes autres chapitres j'ai raconté seulement mes sensations de forme et de couleur, ou les conversations que j'ai entendu tenir, au hasard de mes promenades, par des Home-Rulers ou des Unionistes, des Irlandais ou des Anglais. Ces propos interrompus, choisis parmi ceux qui me parurent « raisonnables » ou intéressants, que valent-ils au fond? Je ne suis ni un politique, ni un économiste, ni un historien; simplement un touriste qui prend des notes. Si mon livre remue des idées et inspire le désir d'aller voir cette pittoresque terre d'Irlande, j'aurai atteint mon but.

Charles LEGRAS.

Terre d'Irlande

CHAPITRE PREMIER

DUBLIN

« La baie de Dublin, Monsieur, la plus jolie baie du monde, plus belle que celle de Naples et de Rio-de-Janeiro ! A droite, le petit îlot, rond comme une prunelle, que vous voyez à cette extrême pointe de terre, se nomme l'Œil de l'Irlande ; et là-bas, la bande de terre sur laquelle nous courons et qui se gonfle comme le flot sous la proue, c'est le promontoire de Howth, presque une montagne, vous verrez. A gauche, l'île de Dalkey se détache de la terre et fait pendant à l'Œil de l'Irlande ; en face de nous, la jolie ville de Kingstown, dont le port nous ouvre les bras de ses jetées. Tout dans le fond de la baie, sous un dais de brume et de fumée soutenu par des cheminées d'usine, des mâts de vaisseaux et des maisons hautes, c'est Dublin qui s'étage à l'embouchure de la Liffey. »

Ainsi parlait, à bord du steamer d'Holyhead, le révérend N..., *Doctor Divinitatis*, homme exubérant, porteur d'un gros ventre et d'une figure aussi rouge que la veste d'un soldat anglais.

Il ne devait pas tarder à m'apprendre que les baies de Cork, de Galway, de Clew, et plusieurs autres, sont également « les plus belles du monde, plus belles que celles de Naples et de Rio-de-Janeiro » ! Sa Révérence parlait encore que nous arrivions à Kingstown... Irlandais : Gascon du Nord !

De Kingstown à Dublin, le chemin de fer court le long de la baie peu profonde où de petites vagues bleutées viennent mourir sur un fond de vase tout hérissé de mouettes, de hérons et de cormorans. De l'autre côté de la ligne s'élèvent sur la falaise ces villas fantaisistes des bords de la mer, très coquettes avec leurs briques rouges, leur crépi bleu, les jardinets pleins de giroflées et de fuchsias, et qui ont toutes un peu l'air mutin et joyeux des petites filles qui jouent, les pieds dans les vagues, avec le sable des plages.

A notre arrivée à Dublin, le « jaunting-car » nous met en belle humeur. La boîte de ce véhicule comique est faite comme une selle gigantesque, dont les quartiers de chaque côté auraient été transformés en sièges ; le dos est devenu un coffre où l'on peut enfouir tant de choses que les cochers l'appellent plaisamment le puits ; et, de loin, cet édifice léger ressemble à un accent circonflexe posé sur deux grandes roues. Mon compagnon de voyage, M. T..., et moi, nous entassons sept colis dans le puits et nous grimpons sur chacune des banquettes ; le cocher se place en travers sur un étroit coussin qui figure assez bien le pommeau de la selle ; un léger claquement de langue, et nous partons à toute vitesse. D'abord, nous sommes un peu inquiets ; au tournant des rues nous pensons être projetés sur les trottoirs : évidemment, pour se tenir en voiture, dans ce pays, il faut une certaine éducation, comme pour monter en amazone! Mais nous ne devions pas tarder à nous perfectionner dans cet art, et je tiens à proclamer tout de suite que le jaunting-car est peut-être, de toutes les voitures à deux roues, la moins fatigante et la plus vaste.

Une courte promenade dans la ville nous donne une vive impression de pauvreté. Le peuple est vêtu de haillons ; tous les enfants et la plupart des femmes marchent nu-pieds. Le foyer de la misère se trouve dans le quartier des Libertés, autrefois riche, prospère et peuplé par les huguenots émigrés de France ; aujourd'hui les pauvres maisons s'y écroulent, les portes disjointes vomissent des paquets de guenilles qui sont des hommes ou des femmes ; d'innombrables loques sèchent le long de grandes perches qui sortent de toutes les fenêtres : en s'aventurant sous cette voûte sordide on tremble qu'un coup de vent ne fasse tomber sur la tête quelque débris de vêtement.

A part les ruelles du quartier des Libertés, de grandes rues bien tracées et bien aérées parcourent la ville. La plus belle, Sackville Street, peuplée de statues, est toujours appelée O'Connell Street par les patriotes irlandais depuis qu'ils y ont érigé un très beau monument au Libérateur. Les Anglais s'en tiennent à l'appellation officielle : et, comme je demandais un jour le chemin d'O'Connell Street à un soldat, il me répondit, avec tout son sérieux britannique, qu'il ne connaissait pas cette rue ; mais un patriote avait entendu ma question ; il vint promptement à moi et dit, d'un air triomphant : « Passez le pont de la Liffey, Monsieur ; la deuxième rue à droite ! »

La Liffey, petite rivière courte, encaissée et très noire, se faufile entre de nombreux monuments publics : les Cours de justice, la douane, les deux cathédrales, Christchurch et Saint-Patrick, que l'on m'avait trop vantées, et le Château d'un style lourd, écrasant et emblématique, dirait un patriote irlandais : c'est la résidence du lord-lieutenant, le représentant de la reine. Plus loin, sur la même colline, la vieille Université de Trinity College avec ses belles salles de conférences, ses laboratoires, ses collections, sa splendide bibliothèque, ses larges cours où passent les bacheliers et les licenciés drapés dans leurs robes sombres et coquettement coiffés d'une petite casquette surmontée d'un carré noir sur lequel dansent un ou deux glands touffus ; et son vaste parc où s'agitent sur le vert sombre des pelouses les gracieuses formes blanches des étudiants engagés dans les luttes du cricket et du football. Bien que la reine Élisabeth, fondatrice de Trinity College, fût anglaise, la jeune Irlande lui est superstitieusement reconnaissante : dans le grand hall où se passent les examens, les candidats placés au-dessous de son portrait se considèrent comme sûrs du succès !

J'ai fait une excursion à Howth et un pèlerinage au cimetière de Glasnevin.

Howth est ce promontoire montagneux, couvert de bruyères, qui forme l'un des côtés de la baie de Dublin. Du sommet de l'une de ses aspérités, le Ben-Edar, la vue s'étend indéfiniment sur la côte orientale d'Irlande ; au loin, indécise dans la brume, se dresse l'île de Lambay ; en face de nous, vers la pleine mer, une grande bande d'un vert pâle raye la surface presque immobile de l'eau, et s'éloigne comme une route vers les limites de l'horizon : c'est par là que sont venus les premiers étrangers, les Danois, ces conquérants du Nord aux yeux verts comme les flots.

Tout à coup, un brouillard s'élève de la mer, mais sans déborder sur les terres : le ciel et l'eau se fondent presque aussitôt dans une sorte de buée gris bleu qui donne l'illusion d'un mirage. A quelque distance, comme suspendus dans le gris, deux petits bateaux de pêche, toutes voiles dehors et pourtant immobiles, semblent deux images virtuelles données par le foyer d'un miroir. A nos pieds s'allonge, assez semblable à la pointe d'Europe, au sud de l'Espagne, le « nez de Howth », sur lequel s'élève la tour blanche du phare de Baily. En arrière, la marée haute dévore presque tout entière l'étroite langue de terre qui relie le promontoire à la grande île, ne laissant qu'un mince ruban sur lequel se déploie la fumée blanche d'un train. Au loin, Dublin découpe ses clochers innombrables sur les ombrages verts de Phœnix Park.

La route du cimetière de Glasnevin sort de Dublin par le nord et passe devant la prison de

Mountjoy. Derrière ces fenêtres grillées et ces murs affreusement noircis par les pluies, quelques condamnés politiques achèvent de perdre, dans des accès de désespoir, les dernières lueurs de leur raison. Il y a aujourd'hui dans les prisons d'Angleterre ou d'Irlande, à Portland, à Maryborough ou à Mountjoy, huit condamnés politiques irlandais. Certes, les crimes qu'ils expient sont réprouvés par tous : cinq furent des « dynamiteurs » et les autres furent compromis dans l'assassinat de lord Frederick Cavendish et de Thos Burke, secrétaire et sous-secrétaire d'État pour l'Irlande, tombés à Phœnix Park, le 6 mai 1882, sous le poignard des Invincibles. Je ne sais si les condamnations ont été trop sévères, mais les patriotes irlandais reprochent à la justice anglaise de s'être servie, dans les affaires de dynamite, de deux poids et deux mesures ; les accusés anglais (Walsall et les autres) furent poursuivis en vertu de l'Explosive Act, qui ne permettait de les condamner qu'à dix ans de travaux forcés ; tous sont relâchés depuis longtemps ; les Irlandais furent accusés de crime de haute trahison et punis des travaux forcés à perpétuité. On assimila ces condamnés politiques à ceux de droit commun, leur traitement fut même rendu plus rigoureux : pendant plusieurs années, toutes les nuits, d'heure en heure, ils furent réveillés sous prétexte d'une surveillance plus sévère. On prétend que trois d'entre eux sont devenus fous dans leur prison; du moins, il est certain que plusieurs de ceux qui ont été graciés (Dr Gallagher, Whitehead) sont aujourd'hui malades dans des asiles d'aliénés.

A trois kilomètres environ de la prison se trouve le poétique cimetière de Glasnevin : un parc de vingt hectares entouré de murs. De longues allées bordées de cyprès, qui se rejoignent en arceaux, forment d'interminables berceaux de verdure au bout desquels brille toujours quelque tombe blanche. Sur les sépultures des bottes de lilas, de roses ou de lis fraîchement renouvelées. Des faucheurs coupent le gazon et la capiteuse odeur du foin plane sur tout le cimetière.

A l'entrée se dresse le monument d'O'Connell : une tour ronde surmontée d'un cône aigu, telle qu'elle figure dans les armes d'Irlande ; au dessous reposent les cendres du Libérateur.

Puis un jardinier nous conduit à la tombe de Parnell qui occupe un terre-plein assez étendu. Une quantité de souvenirs, — des couronnes, des croix, — y sont entassés ; sur l'un d'eux nous lisons les paroles du grand tribun : *When we are men, we will be independents.* « Quand nous serons des hommes, nous voudrons être indépendants. » Et sur une autre ses dernières paroles dites à Brighton pendant cette nuit d'orage où il rendit sa grande âme : *Give my love to my colleagues and the Irish people,* 1846-1891. « Donnez mon amour à mes collègues et à l'Irlande. »

Un souvenir adressé par les habitants de Limerick représente en ciment la pierre sur laquelle fut signé, entre Guillaume d'Orange et les Irlandais révoltés, le célèbre traité qui fut immédiatement violé par le vainqueur. Aussi l'envoi à Parnell porte ces seuls mots : *Treaty of Limerick broken* (violé), 1691. C'est en 1896 qu'a été apporté ce souvenir.

Il est regrettable que dans plusieurs des

croix et des couronnés soient enchâssées des photographies du grand « leader » : rien n'est aussi laid sur une tombe que cette image de la vie toujours plus ou moins jaunie et détériorée par la pluie. Les amis et les admirateurs de Parnell devraient comprendre qu'à cette place il faut du bronze ou plutôt ce beau marbre blanc auquel les défunts ressemblent sur leur lit de mort, lorsque la grande paix a calmé et régularisé leurs traits un instant bouleversés par l'agonie. Ne disons-nous pas en français : « Beau comme un marbre couché. »

Malheureux Parnell, comme il est lointain le temps où 85 députés irlandais se soumettaient à ses ordres et donnaient le gouvernement du Royaume-Uni tantôt aux libéraux, tantôt aux conservateurs ! « Nous appartenons au plus offrant, » disait Parnell, et il votait pour Gladstone ou Salisbury, suivant l'importance des promesses et des bills qu'il leur arrachait. On connaît la catastrophe de cette politique en 1891 : le procès d'adultère intenté à Parnell par le capitaine O'Shea ; la lettre de Gladstone à John Morley déclarant qu'il ne pouvait plus s'allier à un homme condamné par les tribunaux ; la division dans le parti irlandais : une importante majorité choisissait pour « leader » Justin Mac Carthy, secondé par John Dillon et Healy ; le petit nombre seulement restait fidèle à Parnell et à ses lieutenants John Redmond et Harrington. Quelques mois après, en octobre, Parnell mourait, le *home rule* échouait devant la Chambre des Lords, puis le parti libéral, désorganisé par la politique du grand old man lui-même, se morcelait à l'infini. Aux dernières élections une majorité de 150 conservateurs envahit Parliament House, n'ayant plus guère en face d'elle que le parti radical et les « nationalistes » d'Irlande.

Aujourd'hui, le parti national irlandais se divise en cinq factions : le Federation Party, jadis l'Antiparnellite Party, environ 60 membres et pour chef John Dillon ; les Independents Nationalists, qui sont les anciens parnellites et dont le leader est J. Redmond. Puis Timothée Healy s'est séparé de Dillon et a formé les healyites, très peu nombreux. Enfin, M. Harrington, récemment, a abandonné le parti dirigé au *home rule* de M. Gladstone. La politique irlandaise s'orientera peut-être dans ce sens [1].

La veille de mon départ de Dublin, je suis allé faire une dernière promenade à cet admirable Phœnix Park : 700 hectares de prairies doucement vallonnées, plantées de magnifiques futaies d'ormes et d'épines roses et blanches dont les troncs atteignent de gigantesques proportions. Ce soir-là, j'allai jusqu'au lieu où fut commis l'attentat des Invincibles, tout proche de la villa vice-royale où le lord-lieutenant réside pendant l'été. Deux entailles, creusées dans la terre, en forme de croix, marquent la place où furent trouvés les cadavres. Une pauvre femme enveloppée dans un châle bigarré de couleurs voyantes et coiffée d'un chapeau étrange, parent de ceux de Whitechapel, s'approcha de moi, et, pour la dixième fois, on me raconta l'histoire du crime. Le 6 mai 1882, lord Frederick Cavendish, qui venait d'être nommé secrétaire d'État d'Irlande en remplacement de Forster (le principal auteur du célèbre Coercion Bill) et

[1] Voir à la fin du volume, Note A.

M. Burke, sous-secrétaire d'État, arrivaient en voiture à la porte principale de Phœnix Park ; là ils mettaient pied à terre, pour mieux jouir de la douceur d'une délicieuse matinée de printemps, et se dirigeaient vers une villa qu'habitait M. Burke. Les Invincibles, qui les guettaient dans le parc, les rejoignirent bientôt et attaquèrent le sous-secrétaire d'État. Ils ont prétendu, pendant leur procès, avoir offert la vie sauve à lord Cavendish, qui préféra mourir en défendant son ami. Des fenêtres de la loge vice-royale, lord Spencer, alors lord-lieutenant, aperçut une lutte dans le parc ; il accourut avec des constables et des domestiques, mais il ne trouva que les corps des deux victimes. Les assassins s'étaient jetés dans une voiture qui les attendait et s'étaient sauvés au galop furieux d'une jument, dont le nom, Peggy, est resté célèbre. Dénoncés par celui de leurs complices qui leur avait servi de cocher, cinq d'entre eux furent pendus, les autres sont encore emprisonnés. Le délateur, malgré la protection de la police et son expatriation sous un faux nom, a payé sa trahison de sa vie. — « Votre

Honneur m'achètera bien un souvenir, disait la bonne femme en terminant son récit et en découvrant un panier rempli de menus objets, j'ai de jolies broches, des coupe-papier, des pipes en bois de chêne des tourbières. » Je lui offris quelques petites pièces de monnaie sans rien vouloir acheter, mais elle les refusa fièrement, et je fus obligé d'emporter un souvenir.

Nous revenons à pas lents le long de l'avenue principale très animée par d'innombrables bicyclistes qui profitent de la belle soirée ; dans les pelouses beaucoup d'intrépides joueurs de tennis ou de football continuent leurs parties sans se préoccuper des brumes et de la nuit qui tombent ; des amoureux sont assis deux par deux au pied des grands arbres. — Bientôt il fait complètement nuit sous les futaies d'ormes, les superbes épines roses et blanches en pleine fleur ne forment plus que des taches grises ; la colonne élevée à Wellington au milieu du parc semble un profil perdu dans le soir : les réverbères s'allument un par un, comme un chapelet aux grains de feu, et très vite les promeneurs, les

M. Burke, sous-secrétaire d'État, arrivaient en
voiture à la porte principale de Phœnix Park ;
là ils mettaient pied à terre, pour mieux jouir
de la douceur d'une délicieuse matinée de printemps, et se dirigeaient vers une villa qu'habitait M. Burke. Les Invincibles, qui les guettaient
dans le parc, les rejoignirent bientôt et attaquèrent le sous-secrétaire d'État. Ils ont prétendu, pendant leur procès, avoir offert la vie
sauve à lord Cavendish, qui préféra mourir
en défendant son ami. Des fenêtres de la loge
vice-royale, lord Spencer, alors lord-lieutenant,
aperçut une lutte dans le parc ; il accourut
avec des constables et des domestiques,
mais il ne trouva que les corps des deux
victimes. Les assassins s'étaient jetés dans une
voiture qui les attendait et s'étaient sauvés au
galop furieux d'une jument, dont le nom, Peggy,
est resté célèbre. Dénoncés par celui de leurs
complices qui leur avait servi de cocher, cinq
d'entre eux furent pendus, les autres sont encore
emprisonnés. Le délateur, malgré la protection
de la police et son expatriation sous un faux
nom, a payé sa trahison de sa vie. — « Votre

Honneur m'achètera bien un souvenir, disait la
bonne femme en terminant son récit et en
découvrant un panier rempli de menus objets,
j'ai de jolies broches, des coupe-papier, des
pipes en bois de chêne des tourbières. » Je
lui offris quelques petites pièces de monnaie
sans rien vouloir acheter, mais elle les refusa
fièrement, et je fus obligé d'emporter un souvenir.

Nous revenons à pas lents le long de l'avenue
principale très animée par d'innombrables bicyclistes qui profitent de la belle soirée ; dans les
pelouses beaucoup d'intrépides joueurs de tennis
ou de football continuent leurs parties sans se
préoccuper des brumes et de la nuit qui tombent;
des amoureux sont assis deux par deux au pied
des grands arbres. — Bientôt il fait complètement nuit sous les futaies d'ormes, les superbes
épines roses et blanches en pleine fleur ne
forment plus que des taches grises ; la colonne
élevée à Wellington au milieu du parc semble
un profil perdu dans le soir : les réverbères
s'allument un par un, comme un chapelet aux
grains de feu, et très vite les promeneurs, les

bicyclistes, les joueurs redescendent en foule vers la ville ; seuls, les amoureux s'attardent, là-bas, dans l'ombre où monte le bruit des baisers. Dans le ciel, les étoiles brillent tellement qu'on les dirait en pleurs.

CHAPITRE II

CHEZ UN LORD IRLANDAIS

Je suis depuis plusieurs jours chez un grand propriétaire irlandais, lord de V... Aujourd'hui dimanche 6 juin 1897, je vais noter heure par heure tout ce que je ferai dans la journée.

Ce matin, je me suis réveillé à huit heures et j'ai tourné le levier d'une de ces curieuses sonnettes anglaises.

A peine ai-je donné signe de vie qu'un domestique en habit, mais sans gilet découvert, portant des boutons d'or aux manchettes, entre dans la chambre avec un air de componction et sans mot dire. Il tient soigneusement brossés et pliés les deux vêtements que j'avais mis la veille ; il les dispose avec précaution sur un sofa, puis lève le store de la fenêtre et disparaît comme une ombre. Un instant après, il revient avec deux arrosoirs pleins d'eau chaude : un grand et un petit ; il verse de l'eau froide dans le « tub » qui s'élève au milieu de la chambre sur une pile de couvertures et de serviettes, place l'eau chaude auprès, range encore des savons et des éponges et majestueusement planté devant moi :

— Si Monsieur me le permet, je dirai à Monsieur qu'il est huit heures un quart et que le breakfast (déjeuner du matin) est à neuf heures et demie !

Je descends dans la salle à manger à l'heure indiquée. Lord de V... et l'un de ses hôtes déjeunent déjà. Lord de V... est un homme de haute stature portant sur le visage cet air de santé qui fait la gloire de la race anglaise. Il a la physionomie fine, un profil nettement accusé, des yeux bleus et devait ressembler beaucoup au comte de Paris. Après les « good morning » et les enquêtes polies sur la façon dont on a passé la nuit, chacun prend son assiette et son couvert et va se servir soi-même de l'un des plats rangés sur un dressoir : poisson, rognons sautés.

œufs et lard grillé. Puis on va faire son thé : les bouilloires sont préparées sur une autre console. Lord de V... m'aide dans cette opération qu'aucun Français n'est capable de mener à bien. Des dames arrivent, qui se livrent au même manège : rarement un gentleman se dérange pour les servir ; pendant tout le breakfast, c'est une promenade continuelle.

Voici l'heure de la messe : une voiture est avancée pour me mener à l'église catholique. Je monte dans une sorte de landau dont les ressorts sont excellents et les coussins très profonds ; les fenêtres de devant et de derrière sont assez bizarres : deux petites vitres presque carrées.

L'église, belle comme une cathédrale, se dresse sur une hauteur qui domine tout le village et une partie du pays. Elle est bâtie en pierre de taille avec un joli clocher dans lequel carillonnent d'harmonieuses cloches ; l'intérieur me paraît assez riche : autel en marbre sculpté, beau chemin de croix, quelques vitraux et presque autant de prie-Dieu que de simples bancs. L'église a coûté 5.000 à 6.000 livres et lord de V..., qui est protestant, a donné le terrain. En entrant, chacun place une offrande sur un plateau : les pièces blanches me semblent presque aussi nombreuses que les sous. La nef est pleine de fidèles ; tous sont bien mis. Les femmes, que j'avais vues pendant la semaine, les cheveux dépeignés, nu-pieds, vêtues simplement d'une chemise et d'un jupon en loques, portent aujourd'hui des chapeaux à fleurs, des bottines, des robes presque élégantes. Les hommes et les enfants sont tous soigneusement lavés et proprement vêtus. Ces costumes du dimanche sont portés avec précaution et conservés avec soin ; mais, quand ils s'usent, on les met pour le travail journalier et, au bout de deux semaines, ils sont devenus des guenilles. On m'en donne l'explication : les ménagères irlandaises ne savent pas coudre et les rares reprises que j'ai remarquées dans les vêtements des paysans ou des cochers à Dublin sont infiniment plus grossières que celles de nos soldats en manœuvres.

Bien qu'il soit près de midi, plusieurs personnes, qui n'ont pu venir à l'office du matin, demandent la communion : il y a évidemment une grande ferveur. Il est touchant de voir prier, le dimanche, ce peuple si malheureux pendant la semaine. J'ai appris que la population, en Irlande, qui était de 8.175.000 habitants en 1841, ne dépasse guère aujourd'hui 4 millions ; ces chiffres prouvent trop éloquemment combien cette nation a souffert. Il est vrai que, depuis quelques jours que je les observe, les paysans m'ont paru bien las, bien découragés de remuer ce sol qui les nourrit si mal : je les crois très paresseux. Le prêtre, qui, suivant l'usage du pays, fait le sermon après la communion, au lieu de parler à ses ouailles des peines de l'enfer, qu'elles me semblent redouter beaucoup, devrait leur développer le proverbe : « Aide-toi, le ciel t'aidera ; » en le traduisant en latin, il aurait suffisamment l'air d'une parole d'Évangile.

Après la messe, je reviens à pied en causant avec des paysans. J'apprends qu'il y a dans le village un certain nombre de protestants, près d'un tiers de la population, comme dans tous les villages d'Irlande qui avoisinent le château d'un grand propriétaire anglais. La paroisse entretient trois prêtres : tous les ans, on fait à domicile une quête qu'on appelle « general collection »; elle donne environ 5.000 francs. Je recueille encore de curieux renseignements sur les fermes et je me promets d'en reparler à mon hôte.

Je reviens à pied en faisant un détour afin de visiter les tourbières. La route s'allonge d'abord entre des bois de sapins et de superbes futaies de chênes centenaires. Le temps est orageux : de gros nuages gris se traînent lourdement dans le ciel, et le soleil qui glisse entre eux est aussi chaud que celui de France. Des charrettes de paysans passent fréquemment : deux roues basses supportent un plancher grossier sur lequel est assis un homme ou une femme, quelquefois une famille qui revient de la messe; le tout est emporté au trot menu d'un âne ou d'une mule, rarement d'un cheval. Un jeune garçon marche devant moi en se dandinant nonchalamment; il souffle dans les trous d'une de ces petites boîtes de fer blanc construites selon les principes de la flûte de Pan, et qui rendent des sons alertes et aigrelets : l'air qu'il joue rappelle *les Pioupious d'Auvergne*.

A un tournant de la route, je suis arrivé aux tourbières, que l'on nomme « bog » en Irlande. La tourbe, qui constitue une grande partie du sol du pays, est, comme l'on sait, une substance bitumineuse formée de débris de plantes et bonne à brûler. Les matières végétales ne subissent cette transformation que s'il leur manque une température suffisante pour les décomposer. Aussi, malgré son extrême humidité, les mares et les étangs dont il est criblé, le bog n'exhale jamais de miasmes malsains, comme les marais Pontins. Il est fertile en rhumatismes, mais nullement en fièvres pernicieuses.

L'aspect du bog est désolé : une grande étendue couverte d'herbe et de bruyères tantôt en fleurs et roses, tantôt desséchées et rousses ; pas une habitation, pas un arbre, sauf quelques bouleaux et des sapins si rabougris qu'on les voit à peine. Le sol est boursouflé de petites mottes de terre : on dirait des milliards de taupinières rangées à côté les unes des autres et couvertes d'un peu d'herbe qui leur donne de la consistance. Çà et là dans cette étendue mamelonnée, des tranchées de un à cinq mètres de profondeur, d'une couleur de caramel en dessus, qui devient presque noire dans le fond : ce sont des carrières où l'on a exploité la tourbe ; elle sèche à la surface du sol en petits cubes durcis. Des arbres sont enfouis depuis des milliers d'années dans ces bogs et sont parfaitement conservés ; quelquefois, le bois de chêne a pris une belle couleur noire : on s'en sert pour faire de petits objets d'ébénisterie.

Je m'aventure dans la tourbière, et je vais sautillant comme un écureuil, de motte en motte ; il faut regarder avec attention la place où l'on pose les pieds ; car chacune de ces mottes est une petite île entourée d'eau ou de boue liquide : une maladresse amènerait un désastre. Le sol rebondit sous les pieds comme s'il était élastique ; cela est dû à la masse d'eau sur laquelle repose le bog tout entier. J'ai déjà remarqué que les routes qui traversent les tourbières ne sont jamais solides, si bien encaissées qu'elles soient : de place en place le sol plie sous les roues des voitures comme une bande de caoutchouc. Tout à coup, j'arrive à un endroit où le sol semble osciller ; l'eau est sans doute plus près de la surface ; j'ai positivement l'illusion de marcher sur un tapis suspendu dans le vide.

De temps en temps, à la fin de l'hiver, après des pluies très abondantes, le bog glisse sur son fond liquide et se met en marche ; celui sur lequel je me promène a parcouru, il y a trois ans, une distance assez considérable et a noyé sous une terrible vague de boue une partie du parc de lord de V... L'alarme a été vive au château, mais tout s'est borné à de considérables travaux de déblaiement. On m'a cité des cas où ce glissement du bog a causé des désastres : l'année dernière, près de Killarney, un village a disparu sous la tourbe. Pauvre terre d'Irlande, où non seulement les hommes, mais le sol lui-même, tremble et s'agite.

Je reviens au château par de longues allées qui s'entre-croisent sous les futaies, et enfin j'aperçois la haute terrasse à triple étage qui domine une immense prairie où coule le Norre. La vue est bornée par des futaies séculaires dont le feuillage sombre est tacheté d'un blanc éclatant par les vols interminables des mouettes, qui nichent en grand nombre dans les roseaux de la rivière. Le château, bâti au xviii° siècle, n'est orné ni des tours carrées du style Henri VIII, ni des tourelles pointues du genre moderne : c'est une bâtisse un peu lourde, dans le genre de celles que Mansart et ses successeurs nous ont élevées en si grand nombre. A l'intérieur, partout des pleins cintres : aux entrées des vestibules du rez-de-chaussée, du premier étage, des pavillons, on passe sous des espèces de porches dont la courbe est un demi-cercle. J'ai de même remarqué le plein cintre dans nombre d'habitations anglaises. Beaucoup de portraits de famille dans les différentes salles, quelques-uns très beaux. Dans le hall, en entrant, sur une large table, sont rangés les cadeaux envoyés l'avant-veille à lord et à lady de V... pour fêter leurs noces d'argent : l'un des plus beaux est offert par les employés du domaine. Sur le mur de droite se déploient les gigantesques cornes du grand cerf d'Irlande. On trouve les squelettes de ces animaux de l'époque quaternaire merveilleusement conservés dans le bog. Enfin, modestement caché derrière le tambour de la porte d'entrée, un fac-similé de la grande Charte du roi Jean sans Terre (1215), avec les cachets des puissants barons qui garantissaient l'exécution de la Charte : l'un d'eux est celui d'un ancêtre, Eustache de V...

Caressé par la main habile du « butler » (intendant), le gong se met à résonner et nous annonce que le lunch est servi. Quand tous les convives sont réunis, je m'aperçois que les domestiques sont encore absents. D'ordinaire, ces messieurs servent le lunch ; mais on leur a donné congé aujourd'hui en l'honneur du dimanche. Je doute fort que le petit ennui que nous nous imposons leur vaille une vacance sérieuse : quelqu'un, sans doute, a préparé le repas, et ce ne sont pas les fées, — pourtant si nombreuses en Irlande, — qui ont rangé les plats sur les consoles. Tous, nous reprenons nos couverts et recommençons nos promenades du breakfast.

Après le lunch, lady de V..., un de ses hôtes, Mgr M..., et moi montons dans une charrette anglaise qui nous emmène à travers le parc. Très grande, le buste en arrière et tenant les

rônes hautes, dans sa physionomie fine et sérieuse quelque chose à la fois d'altier et de
souverainement bon, lady de V... représente à
merveille cette vieille aristocratie anglaise que
l'évolution politique fera mourir debout. Le
parc s'étend sur près de 1.000 hectares et est
toujours ouvert au public sauf un jour par an,
afin de garder l'intégrité des droits du propriétaire. Nous contournons une pelouse sur laquelle on élève des faisans; il y en a 2.500 dont
les plus âgés ont déjà près d'un mois. Les
poules, qui ont couvé les œufs, sont enfermées
dans de petites mues et glissent à travers les
barreaux leurs têtes inquiètes pour surveiller
les faisandeaux qui courent et volettent dans
l'herbe autour de leurs prisons. Nous passons
devant l'élégante demeure de l'agent (l'intendant du domaine), puis nous entrons dans les
bois. Ils sont fantastiques comme un décor
d'opéra : débris d'une des plus vieilles et des
plus grandes forêts d'Irlande, c'est une haute
futaie qui couvre des centaines d'hectares; des
rhododendrons sauvages, qui croissent admira-
blement dans le terrain tourbeux et à l'ombre

des grands arbres, forment en dessous un taillis toujours vert et épanoui en cette saison comme un bouquet infini de roses violettes; dans les clairières poussent si nombreuses ces jacinthes sauvages, qu'on nomme dans mon pays clefs du paradis, qu'elles semblent un tapis bleu étendu pour la cour de quelque princesse enchantée; et les allées circulent sous les ogives que font les grosses branches des arbres, voûtes si hautes et si larges qu'on se sent envie de parler bas comme dans une cathédrale.

Nous arrivons au bord du Norre, que je retrouve filant sournoisement sous les ramures des arbres et encaissé dans des rives de sable qui s'effondrent par endroits. Beaucoup de lapins s'enfuient devant nous, en faisant sauter leur comique petite queue blanche. Comme je m'amuse à les faire partir en frappant dans mes mains, lady de V... m'apprend que ceux que je vois sont les restes d'une colonie autrefois trop prospère. Devant les dégâts qu'elle causait chaque année, on décida, l'année dernière, un massacre général : on s'adressa à des tueurs de lapins, profession qui me passionnerait et qui consiste à se promener pendant toute l'année à travers le Royaume-Uni pour exterminer cet amusant gibier dans les parcs des grands seigneurs. Toutes les armes furent employées : la poudre, le piège et le filet ; en trois semaines, on compta plus de 20.000 victimes.

Nous revenons par la ferme, sorte de ferme-modèle, comme le gouvernement devrait en établir dans tout le pays pour répandre l'instruction agricole. Les bâtiments ne ressemblent guère aux pauvres cabanes, que je connais déjà trop, dont les murs contiennent plus de boue que de mortier et de pierres, et où vivent pêle-mêle une famille de paysans, un cochon et des poules. Les étables, aménagées avec des « box », suivant la pratique irlandaise, renferment de beaux animaux, dont un taureau noir aussi nerveux que ceux élevés dans les « ganaderias » pour les combats de l'arène.

Une heure plus tard, quelques hôtes de lord de V... et moi, réunis dans la bibliothèque du château, nous causions de la situation agraire, la question vitale de l'Irlande.

Quelqu'un disait : « — Dans les pays conti-

nentaux, en France, par exemple, les propriétaires de tout temps ont loué des fermes, c'est-
à-dire des espaces de terre sur lesquels se
trouvent des bâtiments, des clôtures, des plan-
tations, des chemins d'exploitation ; le fermage
représente pour eux principalement l'intérêt du
travail et des capitaux dépensés. Les landlords
irlandais ont loué et louent des terres, c'est-à-
dire un terrain sur lequel il n'y a pas de bâtiments, peu de clôtures, et souvent pas d'autre
plantation que l'herbe traversée par des chemins
mal encaissés ; leurs « rents » sont moins légi-
times. »

Alors un gros homme traversa l'appartement
en boitant et en s'appuyant péniblement sur sa
canne ; il prit sur une table un livre in-folio qui
contenait les Actes du Parlement depuis le règne
de Victoria, le feuilleta un instant, et, comme
il était docteur, il dit d'un ton professoral :

« — En revanche, la situation des landlords
irlandais est plus défavorable que celle d'aucun
autre propriétaire en Europe. Il y a dix-sept
statuts importants qui règlent notre question
agraire, et tous limitent le pouvoir des proprié-

taires : les uns, les « rent acts », fixent le prix des fermages ; les autres, les « purchase acts », règlent le rachat des terres. »

Et comme il me voyait prendre des notes sténographiques, il continua sur un ton de dictée :

« — Les cinq plus importants « rent acts » sont : l'acte de Deasy, 1860 ; en 1870, le premier acte de Gladstone ; en 1881, le deuxième acte de Gladstone, qui a établi les tribunaux agraires pour fixer les prix des fermages ; en 1887 et 1896, les deux actes de lord Salisbury qui ont accentué la politique gladstonienne. — Quant aux « purchase acts », il faudrait en connaître quatre : ceux de 1885, 1887, 1891 et 1896. Mais de celui de 1885, œuvre de lord Ashbourne, découlent tous les autres : il a statué que les paysans pouvaient devenir propriétaires du sol en payant quarante-neuf années d'annuités déterminées par la loi. Le propriétaire doit consentir à la vente de la terre. C'est après cet acte que le duc d'Abercorn a vendu sa propriété du nord de l'Irlande pour environ 250.000 livres sterling, qu'il employa à fonder, avec Cecil Rhodes, la Chartered Company. »

Je repris :

« — Docteur, vous avez parlé des tribunaux agraires, c'est-à-dire des sous-commissaires, — « sub-commissioners, » — comme on les nomme en Irlande. Puis-je vous demander ce que vous pensez de cette institution?

« — Une institution détestable, qui mécontente à la fois les propriétaires et les fermiers. Le bill de Gladstone, en 1881, a institué une sorte de juges qui établissent le juste prix des fermes. Et, en fait, dans la plupart des cas, ni le propriétaire, ni le fermier ne décident du fermage. L'affaire est réglée par les *sous-commissaires*, qui, tous les quinze ans, fixent le revenu des terres. C'est une monstrueuse atteinte à la liberté individuelle, une détestable application des principes socialistes. Ce système viole aussi toutes les règles de l'économie politique et de la justice; car, en admettant que les sous-commissaires aient apprécié exactement la valeur de la terre pendant l'année de leur expertise, cette appréciation sera devenue fausse dès l'année suivante. La meilleure preuve en est donnée par les sous-commissaires eux-mêmes: au mois de juillet 1896, ils ont recommencé leur travail périodique; ils ont débuté par le comté d'Armagh et ont bouleversé tous leurs prix de 1881. D'ailleurs, tout le monde est mécontent; les propriétaires prétendent que leurs fermages ont été réduits de 30 à 50 0/0 et trouvent la réduction trop grande; les fermiers répondent que la diminution n'a pas dépassé 15 à 30 0/0 et est insuffisante à cause des prix surélevés des fermages antérieurs et aussi de la crise agricole qui sévit dans toute l'Europe et surtout dans le Royaume-Uni. Tous ont raison, suivant les contrées : la vérité est très complexe.

« — Vous avez parlé de prix surélevés autrefois : est-ce que les propriétaires ont exploité les fermiers?

« — Un peu et malgré eux. L'Irlande est un pays exclusivement agricole. Notre industrie et notre commerce n'emploient qu'un très petit nombre d'entre nous : aussi la concurrence est grande pour une ferme à louer. Ajoutez que nos paysans aiment passionnément la terre et redoutent par-dessus tout l'émigration : ils promettaient des fermages énormes qu'ils n'ont jamais pu payer complètement.

« — Alors la solution de la question agraire consisterait dans le développement du commerce et de l'industrie ?

« — En partie, mais on pourrait d'abord améliorer l'agriculture elle-même, donner une instruction technique aux paysans, construire des fermes-écoles comme en France, cultiver les betteraves, le tabac, le lin. Il faudrait aussi fournir des capitaux aux paysans, soit par un crédit agricole organisé comme en Allemagne, soit par le métayage dans les petites propriétés. »

Si nous n'étions pas forcés par la coutume anglaise d'aller revêtir nos habits pour dîner, je poserais encore quelques questions à mon docteur ; mais le premier son du gong a déjà retenti et j'entends dans l'escalier le frou-frou des robes de soie.

Autant est simple l'étiquette du repas de la journée, autant est cérémonieux le dîner de famille. La table, brillante de fleurs et d'argenterie, est entourée par le petit cercle des hôtes en toilette de soirée et par le cercle plus grand des nombreux domestiques impassibles dans leurs habits noirs. Presque toujours le maître de maison dit solennellement les Grâces au commencement du repas ; puis vient le menu, moins varié que le nôtre, mais très sain et très bon. Je regrette seulement que l'on m'offre, suivant l'usage, des sardines grillées et des olives après l'entremets glacé : l'éducation française de mon goût ne me permet pas de prendre des hors-d'œuvre au moment du dessert. On sert du vin de Porto, du champagne et des claret cups. Cette dernière boisson n'est autre que du vin de Bordeaux dans lequel on a fait tremper des plantes aromatiques, en particulier de l'estragon : je demande du bordeaux ordinaire qui est parfait.

Dès que le dessert est terminé, les dames nous quittent; nous prenons rapidement le café et les liqueurs, puis nous sortons dans le parc. Nous nous promenons à pas lents sur le gazon frais tondu des pelouses en fumant de gros cigares qui font de larges points de feu dans l'ombre des futaies, et nous nous asseyons un instant au bord de la rivière qui heurte ses petites vagues d'argent bleuâtre dans lesquelles les truites sautent au clair de lune.

Tout à l'heure, après une apparition au salon et une courte causerie avec nos hôtesses, les « good night » retentiront; puis les lumières s'éteindront une à une aux fenêtres du château lourdement endormi dans le calme si profond de la campagne irlandaise.

CHAPITRE III

LE COMTÉ DE WICKLOW

De Brey ou de Greystone, deux jolies « stations balnéaires », à la porte de Dublin, le chemin de fer de la Dublin and Wicklow Company conduit en une demi-heure à Rathnew, où une vingtaine de jaunting-cars et un grand char à bancs attendent les touristes. Il faut reconnaître que, si l'on a essayé de peu de moyens pratiques pour améliorer l'agriculture en Irlande, du moins, en ces dernières années, on n'a rien négligé pour attirer les voyageurs : le pays est sillonné par des chemins de fer où roulent des wagons bien plus confortables que ceux des Compagnies françaises et par des routes sur lesquelles volent les merveilleux jaunting-cars.

Mon compagnon de voyage et moi grimpons

dans le char à bancs ; mais nous ne tardons pas à le regretter : nos voisins avec lesquels nous comptions lier conversation sont les plus détestables du monde. L'un d'eux, une sorte de gentleman-farmer (beaucoup plus farmer que gentleman), à figure de fouine, ornée d'une barbe grisonnante et de fortes lunettes, récite de temps en temps des vers de Burns ou de Shelley, qu'il estropie d'une façon lamentable, fait des calembours et imite le cri de tous les animaux qu'il aperçoit. Un autre porte sur la tête un chapeau minuscule, auquel semble pendue une figure rose et poupine où éclate une incomparable niaiserie. Ces messieurs sont accompagnés de leurs femmes et les réflexions des quatre personnages sont vraiment pénibles à entendre. Heureusement, à l'entrée du domaine de Glanmore Castle nous mettons pied à terre pour traverser la vallée du Diable et nous sommes délivrés pendant trois milles de cette exécrable compagnie.

Nous pénétrons dans une combe étroite au fond de laquelle serpentent une route bien entretenue par les propriétaires du domaine et

un ruisseau torrentueux : la Vartry. De chaque
côté s'élèvent des murailles de rochers hautes
de 200 à 400 pieds et couvertes d'une prodigieuse végétation. Quelques pieds de terre végé-
tale, par endroits quelques pouces seulement,
et pourtant une véritable forêt, composée surtout
de chênes, escalade les hauteurs. Ah ! Parisiens
de la place de la Madeleine ou de la chaussée
d'Antin, qui rêvez de « boire des yeux » toutes
les nuances du vert, il y a là de quoi vous
rassasier : dans le fond de la vallée, au bord du
ruisseau, le vert de l'herbe très tendre, puis le
vert plus foncé des chênes nuancé suivant les
espèces : chêne rouvre, chêne de la Brosse,
chêne d'Irlande ; et, au milieu, de distance en
distance, dessinant comme des îles, le vert plus
sombre des sapins.

En sortant de la vallée du Diable, qui se termine par une jolie cascade, nous retrouvons
notre char à bancs, et aussi nos compagnons
de route. Nous trottons sur de hauts plateaux
pendant deux heures et à un détour du chemin
nous apercevons la vallée de Glendalough.

C'est une sorte de cirque aux pentes abruptes

et très boisées, dans lequel sont ensevelis un pauvre village et deux petits lacs d'où monte une vapeur argentée. Une de ces étranges tours rondes, particulières à l'Irlande, s'élève au milieu d'un cimetière, au bord du premier lac, et domine de sa tête pointue les restes de l'oratoire de Saint-Kevin et sept églises en ruines disséminées dans la vallée. Ce lieu est un sanctuaire rempli de la poussière des siècles passés. Au vi° siècle, l'ermite saint Kevin, de la Maison royale de Leinster, vivait dans cette gorge sauvage loin des hommes et plus près de Dieu. Mais le bruit de sa sainteté se répandit dans le pays et de nombreux disciples vinrent troubler sa solitude. Alors il fonda une de ces cités monastiques des premiers âges, peuplée de pieux moines celtes, qui fut célèbre dans toute la chrétienté occidentale. Il n'en reste plus que les ruines éparses.

Avant cette époque, des inconnus étaient déjà venus dans ces lieux et avaient laissé comme trace de leur passage une tour ronde, mystérieuse énigme qu'aucun archéologue n'a jamais déchiffrée. Quel peuple bâtissait ces sortes d'étranges minarets dont on a trouvé cent vingt ruines en Irlande, et une ou deux, du même genre, au sud de l'Europe, dans les îles Baléares? Les Celtes païens des premiers âges, les Phéniciens, les Danois, les Irlandais évangélisés ? L'histoire est muette, et tous ont été désignés. Mais il est peu probable que les Phéniciens aient laissé d'aussi nombreux monuments de leur rapide passage en Irlande ; les Danois n'ont point construit de tours rondes dans leur pays scandinave, et la chrétienté, dont les rites sont uniformes, n'a rien élevé de pareil dans le reste du monde. Les bâtisseurs seraient peut-être les premiers Celtes. Mais quel était leur but? Ici le mystère devient plus profond. On a étudié soigneusement les tours : les unes sont construites en pierres brutes non travaillées avec le fer ; d'autres sont en pierres taillées, presque toutes sont isolées et s'élèvent à une hauteur de 25 à 40 mètres sur un diamètre de 5 à 10 mètres ; elles s'amincissent du fondement au sommet ; et, à trois exceptions près, les seuils des portes sont placés à une certaine élévation au-dessus du sol. Toutes sont divisées en étages éclairés par une étroite fenêtre. Beffrois, tours de guet, monuments des adorateurs du feu? Nombre d'opinions ont été émises. Ne serait-il pas plus naturel de les croire des monuments de défense des premiers Celtes? Nous connaissons mal leur civilisation, l'étendue de leurs villages, leurs armés. J'avoue que ces tours rondes, avec leurs murs si épais, leurs fenêtres semblables à des meurtrières et leurs portes élevées au-dessus du sol, comme pour empêcher l'accès d'un ennemi, m'ont toujours paru de petites forteresses[1].

Il y avait ce jour-là beaucoup de mouvement dans Glendalough envahi par les touristes ; une seule excursion de Dublin avait amené cent vingt personnes. Les Irlandais, comme tous les pauvres, ont beaucoup de temps à perdre, et partout on les voit remplir les trains de plaisir, canoter sur les lacs et escalader les montagnes.

Malgré l'affluence, je trouve une barque pour traverser le lac Supérieur, dont les rives abruptes

---

[1] Quelques-uns y voient une origine Phallique. Cf. *The Round Towers of Ireland*, par Henry O'Brien.

et cependant couvertes de mélèzes sont éclai-
rées en divers endroits par des bandes de soleil,
mystérieuses et pleines de poussières irisées
comme des rayons qui pénètrent dans une cave.
Là-bas, entre les sapins, croît un peu d'herbe,
et mon batelier, moitié plaisant, moitié sérieux,
raconte qu'au clair de lune les fées du lac,
blanches comme les vapeurs du matin, viennent
y danser. Je l'écoute sans rire et je lui dis que
dans mon pays aussi il y a des apparitions.
Alors, en baissant la voix, il me confie que, les
nuits où il allait en maraude pêcher des truites
dans la rivière, il avait entendu des âmes en
peine gémir comme le vent dans les saules; il
avait vu des femmes se lever au bord du lac
parmi les roseaux et les nénuphars et laver
leurs hardes, ainsi que les lavandières maudites
célèbres jadis dans la campagne française. Et
dans toute l'Irlande, encore aujourd'hui, les
rivières, les vallées, les montagnes sont peu-
plées par les « bonnes gens » (*good people*),
c'est-à-dire les fées, les lutins et les revenants:
poétiques imaginations, oubliées maintenant de
nos paysans et qui sont demeurées là-bas;

superstitions chères à la nature celtique, à cette race d'esprits imaginatifs et idéalistes, de croyants qui deviennent parfois des penseurs.

Nous abordons à l'ouest, dans une petite anfractuosité de la muraille de grès qui plonge dans le lac. Deux hommes nous attendent, vêtus de l'ancien costume national : veste courte, culotte de velours à côtes, bas de laine noire grossièrement brodés de jaune et de vert ; sur la tête, un feutre mou orné d'une plume de héron. Grâce à leur aide adroite et vigoureuse, nous escaladons le rocher à pic et nous pénétrons en rampant dans une sorte de grotte : le Lit de saint Kevin. Mon ami et moi, nous remplissons cette étroite cavité qui surplombe de 25 pieds le lac profond de 110. Bien des gens illustres ont été aussi hardis que nous ; sir Walter Scott et Caesar Otway ont même gravé leurs initiales sur les parois du rocher.

Je sentais rôder des légendes. Et j'appris, en effet, qu'un matin, en s'éveillant, saint Kevin trouva dans ce lieu étendue à côté de lui une belle jeune fille qui l'aimait. Pour le voir, Kathleen — c'était son nom — avait osé pendant la nuit traverser le lac dans une petite barque et escalader le rocher presque inaccessible. Mais le saint redoutait le démon surtout lorsqu'il se présentait sous une forme aussi séduisante ; il entra dans une violente colère et précipita la jeune fille dans le lac. « Dieu ait son âme ! » s'écria-t-il, saisi aussitôt de repentir ; et le poète irlandais, Thomas Moore, assure que la prière fut exaucée !

Depuis cette époque, toutes les jeunes filles qui osent tenter l'escalade du Lit de saint Kevin sont assurées de faire, dans les six mois, un mariage toujours riche et toujours heureux.

Peu de temps avant le coucher du soleil, une voiture nous emmenait sur la route de Rathdrum. Je fis arrêter un instant pour jouir une dernière fois de la vue de cette vallée où tant de saints et d'ermites, d'abbés et de prélats, de moines, de clercs et de bardes dorment leur dernier sommeil sous des ruines si vieilles qu'on ne sait guère leur âge. Le soleil n'éclairait plus que les bords supérieurs de la montagne qui ferme la vallée ainsi qu'une muraille ; quelques oiseaux de proie volaient à l'entour en poussant leurs cris aigus et tristes comme des gémissements ; en dessous, une brume d'un violet très foncé tombait en draperie sur le lac Supérieur et sur le Lit de saint Kevin. Alors, une jeune mendiante, comme il y en a tant en Irlande, s'avança en riant :

« — Je suis Kathleen, Votre Honneur, disait-elle, la véritable Kathleen que saint Kevin a jetée dans le lac ! » Et elle tendait la main.

.·.

Avondale : le domaine de Parnell. — Une avenue traverse une vaste prairie plantée de grands ormes et de gros hêtres aux troncs noirs, dont les ramures sont secouées par les rafales ; puis on débouche sur une terrasse au milieu de laquelle est planté le château et d'où la vue s'étend indéfiniment sur la vallée de l'Avonmore : des collines rondes, couronnées de grands arbres, une rivière sinueuse au fond ; là-bas, à mi-côte, une jolie porterie, qui a l'air d'une petite forteresse pour défendre le passage de la vallée et tout entourée de rhododendrons violets.

Je sonne à la porte du château triste et délabré. Une domestique vient m'ouvrir et me regarde avec des yeux de volaille effarouchée ; je demande M. J. Parnell, le frère du grand « leader » ; elle me répond qu'il est absent ; je montre des lettres de recommandation ; elle refuse de les prendre. J'insiste pour visiter le château, mais ma demande paraît insensée. Et je comprends... Par la porte ouverte, je vois dans le hall tout un désordre d'habitation mal entretenue : des fauteuils, des tables, des armes de chasse, des ustensiles de cuisine sont entassés pêle-mêle. Les besoins de la politique ont été grands pour la fortune des Parnell et il y a des fiertés qu'il faut respecter. Je m'en vais, et, sur ma route, je ne songe plus qu'aux allées pleines d'herbe, aux clôtures en ruines, aux barrières qui ne ferment plus. L'impression pittoresque, tout à l'heure souveraine, est tombée devant la pitié pour les hommes.

La grand'route suit la vallée de l'Avonmore jusqu'à son confluent avec l'Avonberg (*first meeting of the waters*). Un chêne énorme, sous lequel le poète Thomas Moore venait rêver, y étale ses ramures. La plupart des touristes qui passent enlèvent au couteau un morceau de son écorce comme souvenir ; le pauvre arbre meurt de sa célébrité. Au-dessus des futaies qui couvrent les collines de chaque côté de la rivière s'élèvent les hautes cheminées en briques d'anciennes mines de cuivre : bâtiments, chemins d'exploitation, carrières, tout est abandonné aujourd'hui ; spectacle fréquent en Irlande, où toute industrie, tout commerce, semblent condamnés d'avance à la stérilité et à la faillite.

La rivière prend le nom d'Ovoca et nous la suivons jusqu'à Wooden-Bridge, où nous trouvons un nouveau car et un cheval frais qui nous emmènent sur la route du mont Lugnaquilla. Une fois de plus, je suis frappé de l'extrême variété des paysages : au départ, la route, couverte par les branches des arbres, semble une charmille gigantesque ; puis nous débouchons sur une lande illimitée, entrecoupée de fossés pleins d'eau, et sans une maison, sans un arbre, sans un être, toute peuplée d'ajoncs et de roseaux qui frémissent et sifflent sous un vent furieux : on se croirait dans la lande bretonne; plus loin, noûs nous élevons sur les pentes de la montagne, sillonnées de clôtures faites de pierres amoncelées, habitées seulement par des moutons et de rares bergers. C'est un paysage d'Écosse. Plus haut encore, nous apercevons la grande mer, partout présente en Irlande, élargissant les paysages en les bordant de l'infini!

Perdu dans la montagne déserte, il y a un pauvre cabaret où le cocher fait reposer son cheval. Une vieille femme, horriblement sourde, habite là ; en criant à tue-tête, je lui fais comprendre que je désire de la bière. Pendant qu'elle descend à la cave, mon attention est attirée par un des rares ornements de la pièce dénudée : une grossière image, datant de 1867, et représentant les « Martyrs de Manchester ». Une légende explique que trois fenians : Allen, Larkin et O'Brien, furent pendus cette année-là pour avoir tenté de sauver deux de leurs chefs, le colonel Killy et le capitaine Deasy, en attaquant à main armée la voiture cellulaire qui les emmenait en prison. Ainsi cette vieille femme sourde déteste les Anglais, et, dans ce val écarté, presque inconnu des touristes, où fleurit encore la vie primitive, est enfouie, comme dans toute la terre d'Irlande, une semence de haine dont la germination fera encore éclater des révoltes.

A quelques portées de fusil du petit cabaret se dresse un souvenir du soulèvement de 1798 : la caserne de Drumgoff. Plusieurs bâtiments semblables, aujourd'hui en ruines et servant d'abri aux vagabonds, hôtes ordinaires de la belle étoile, furent alors construits dans les montagnes de Wicklow pour permettre aux soldats et aux policemen de poursuivre rapidement les insurgés. Ceux-ci, conduits par le général Holt, tinrent longtemps les Anglais en échec. Il y a bientôt un siècle que les derniers outlaws ont mis bas les armes ; mais les casernes délabrées restent debout pour montrer aux Irlandais qu'ils sont un peuple vaincu.

Nous revenons par la vallée de Glenmalure, mieux cultivée, mais moins pittoresque, et nous traversons à la nuit tombante le parc du colonel S... : un taillis de rhododendrons où fourmillent les lapins.

CHAPITRE IV

LISMORE, LES TRAPPISTES, YOUGHAL

En quittant les montagnes de Wicklow, la meilleure route pour gagner Lismore est le chemin de fer jusqu'à New-Ross, le bateau à vapeur sur la Barrow et la Suir et le railway de Waterford, Dungarvan et Lismore. Cette dernière petite ville, de 1.700 habitants, appartient tout entière à Sa Grâce le duc de Devonshire, qui possède aussi plusieurs autres villages disséminés sur une propriété de 25.000 hectares.

Grâce à l'amabilité de M. O'Malley, directeur de la Compagnie du chemin de fer W. D. L.[1], je suis muni d'une lettre de recommandation pour l'agent du domaine, M. Penrose. Rien, en

[1] Waterford, Dungarvan et Lismore.

France, ne peut se comparer à un agent. A côté de nos régisseurs, c'est un grand personnage. Il représente un ou plusieurs propriétaires de milliers d'hectares, et l'on m'a cité l'un d'eux qui, avec des honoraires de 5 0/0 sur les fermages, gagne 80.000 francs par an. Ils sont des « gentlemen » dans toute la force du terme ; et, si le propriétaire n'habite pas le pays, comme le duc de Devonshire, que la saison de la chasse n'amène pas une fois par an dans son domaine de Lismore, l'agent devient le souverain d'un petit royaume.

M. Penrose me fait visiter le château qui fut autrefois une forteresse redoutable, orgueilleusement plantée sur des rochers escarpés au pied desquels coule la rivière Noire (Blackwater). Depuis Jean sans Terre, qui jeta les fondations, jusqu'au comte de Carlisle, qui posa la première pierre d'une des grosses tours en 1855, le château n'a cessé d'être remanié. Il est curieux de voir concilier ici l'architecture d'autrefois avec les besoins de la vie moderne. Les grandes salles voûtées, richement meublées ; les escaliers sonores, artistement décorés, ne donnent pas cette impression de solennité glaciale et de mélancolie ordinaires à nos grands châteaux d'autrefois. Dans la politique, les Anglais ont transformé leur état social sans rien détruire, promulgué des lois sans en abroger et maintenu les traditions le plus longtemps possible ; de même, dans cette superbe demeure d'une des plus grandes familles du royaume, on sent que le passé se continue et revit en partie dans le présent ; il semble que naturellement s'est faite l'évolution qui a transformé la salle des Gardes en salle à manger, et les meubles, les tapisseries, les tableaux de différents âges, qui marquent comme les étapes des siècles, rendent plus visible encore le lien qui les unit : pour cela, sans doute, je ne me sentais pas dépaysé en visitant l'ancienne bastille du roi Jean, comme je l'aurais été dans un des vieux châteaux de Touraine ou d'Anjou, dont les propriétaires semblent plutôt des touristes qui passent, où le passé reste plus lointain et où l'on éprouve toujours un peu de la tristesse des vieux souvenirs morts.

Des appartements du duc, comme de ceux de

l'agent, une vue merveilleuse s'étend sur la vallée de la Blackwater, éblouissante de verdure, sur les hauteurs de Knockmealdown, la trappe de Mount Melleray et la ville de Cappoquin. Les hautes fenêtres surplombent la rivière, et l'on raconte que le roi Jacques, lors de sa réception au château, recula épouvanté dès qu'il se fut approché de l'une d'elles dans le salon : derrière lui, la place était bonne pour un traître qui aurait pu aisément précipiter le roi dans l'abîme. On me fait admirer l'épée et la masse de la corporation de Youghal, la crosse de l'évêque de Lismore en 1113, trouvée, ainsi qu'un livre manuscrit datant des premiers siècles, le *Book of Lismore*, dans une cachette en démolissant un vieux mur ; puis nous quittons le château par des allées ombreuses qui courent le long des rochers de la Blackwater.

Des pâturages où l'herbe est si épaisse qu'elle rebondit sous le pied, de grands arbres jamais élagués, qui étalent leurs ramures sur un demi-arpent de prairie, quelques allées sablées et tournantes, et une rivière rapide, toujours poissonneuse : tels sont presque tous les parcs d'Irlande. Dans celui de Lismore, j'ai vu pêcher le saumon, et j'ai compris pourquoi les Anglais appellent la pêche à la ligne un « sport ». Il faut vraiment des muscles solides pour manier pendant quelque temps cette longue gaule de bambou très flexible, à laquelle est attachée une ligne que l'on peut allonger ou raccourcir à volonté au moyen d'un moulinet sur lequel elle s'enroule. Le pêcheur, se penchant en arrière, d'un coup de fouet adroit lance dans la rivière l'hameçon recouvert d'une mouche artificielle, le maintient à la surface de l'eau jusqu'à ce qu'il soit entraîné trop loin ou rapproché trop près par le courant, et puis recommence pendant cinq ou six heures. Pour cet exercice, on revêt un costume à larges carreaux, des knickerbockers, de gros souliers et un cap, petite casquette de laine sur laquelle on pique toutes les mouches artificielles dont on veut se servir. Il y en a de rouges et de bleues, de minuscules comme un moustique, de larges comme un papillon, et le talent est de savoir, selon la température et même l'heure de la journée, quelle sera la

mouche victorieuse. A l'endroit de la Blackwater
où nous nous trouvions, s'élève un barrage, et
dans les remous nous voyions à chaque instant
sauter des saumons. Mais ne soyez pas envieux,
pauvres ligneurs de Paris, sur lesquels je me
suis si souvent apitoyé du haut du Pont-Neuf :
le sportsman qui m'initiait à cette pêche, malgré
ses belles lignes, son album de mouches bigarrées
et son adresse à lancer l'hameçon, n'avait rien
pris pendant toute la journée, et je songeais
qu'il vaut encore mieux rester assis sur les quais
de la Seine, les jambes ballantes au-dessus de
l'eau et pêcher de temps en temps une ablette.

Tout en traversant le parc, je m'entretiens de
la question agraire avec l'agent : je redoute
d'autant moins d'aborder ce sujet que le duc
de Devonshire a toujours témoigné pour ses
fermiers une libéralité de grand seigneur, et je
ne sache pas qu'il y ait jamais eu d'évictions [1]
dans le domaine de Lismore.

— Savez-vous ce qu'est le « tenant right », le
droit du fermier? me dit M. Penrose.

[1] On nomme ainsi les saisies. Beaucoup ont donné lieu à
des scènes très violentes entre les paysans et la police.

— C'est ainsi que vous appelez le droit qu'a le fermier de ne pouvoir être dépossédé de sa terre à moins qu'il ne refuse absolument de payer son fermage.

— Eh bien! le fermier peut vendre aux enchères son « tenant right », ce droit de rester sur la ferme jusqu'à ce qu'il refuse de payer le « rent ». Les acquéreurs ne manquent jamais et, dans plusieurs cas, le prix du « tenant right » payé au fermier a été presque aussi élevé que le prix du fermage demandé par le propriétaire. Le nouveau tenancier paye donc le « rent » ou prix de la ferme, fixé par les tribunaux agraires, et, par surcroît, une somme importante à son prédécesseur. Croyez-vous que nous ayons loué nos fermes au-dessus de leur valeur?

De plus, sans vendre leur « tenant right », nos fermiers très souvent s'empressent de sous-louer une partie de leurs terres, le plus cher possible et par petites portions. Et toutes les réductions de fermages, décidées par les sous-commissaires, ne profitent qu'à un petit nombre de gros fermiers : le paysan est toujours exploité.

— Les sous-commissaires n'interviennent donc pas entre locataires et sous-locataires?

— La loi ne le permet pas. D'ailleurs leur ministère coûte déjà assez cher. Timothée Healy, l'un des chefs du parti « nationaliste », comme vous savez, a déclaré que toute réduction d'une livre (25 francs) dans un fermage coûte à la nation 19 pence (38 sous) de frais!

— Mais vous pourriez vous-même remédier au mal, car il me semble que la loi anglaise interdit formellement toute sous-location faite sans le consentement du propriétaire. On m'a même parlé d'un procès célèbre à ce sujet entre lord Landsdowne et son tenant, father Kehoe, qui avait loué, sans autorisation, à des tenanciers « évictés ».

— Vous avez raison en théorie; mais, hélas! je ne puis poursuivre tous les fermiers qui ont commis le péché de sous-location; nous appliquons ici la théorie du laissez-faire et du laissez-passer! D'ailleurs, la fraude se cache parfois très habilement : quelques-uns partagent leurs terres entre leurs enfants, d'autres dissimulent de petites locations de 3 ou 4 livres en disant qu'ils ont simplement logé des domestiques, et de fait ils se font payer d'avance en journées de travail.

Nous causâmes quelque temps encore ; je ne pouvais m'expliquer pourquoi les sous-locataires faisaient des marchés aussi désavantageux. Je suis, en principe, partisan de la petite culture et je citais l'exemple de mon canton où l'hectare de terre dans les grandes fermes se loue en moyenne 70 à 80 francs, tandis que dans les petites closeries il atteint le chiffre de 150 à 180. Mais bientôt je touchai du doigt la plaie qui dévore ce pays : le libre-échange. Le libre-échange peut contribuer à la fortune d'une nation industrielle et commerçante comme l'Angleterre ; il ne nuit pas trop à la grande culture, surtout dans ces climats humides où l'on fait beaucoup d'élevage, mais il ruine la petite propriété en supprimant le commerce des grains. Dans toute l'Irlande on ne sème pas un acre de blé : l'Amérique approvisionne ce pays, dont les capitaux, déjà si rares, servent à faire la fortune des agriculteurs aux États-Unis, au Mexique ou dans la République Argentine. Dans les petites

fermes constituées par la sous-location, on cul-
tive quelques acres de pommes de terre pour
les hommes, un peu d'avoine pour les animaux,
et le reste demeure en pâturage. Ainsi le travail
que le petit paysan de France prodigue à son
champ est inutile en Irlande; il faut faire de la
petite culture avec les procédés de la grande :
la misère et la famine sont inévitables.

Je n'ai plus de doute ; deux politiques sont en
présence : ou voter des lois protectrices des
produits agricoles qui permettent à l'Irlande
d'être son propre débouché pour les grains tout
en lui gardant son important commerce de
bestiaux avec l'Angleterre ; ou maintenir la
législation actuelle et diviser tout le pays en
grands pâturages où paîtront d'innombrables
troupeaux gardés par quelques pasteurs; alors
les Irlandais devront émigrer en masse et pourront répéter : *Latifundia perdidere patriam !*

Je pris congé de M. Penrose. Dans un char-
mant petit hôtel : « Aux armes de Devonshire, »
très confortable et bâti sur les ordres du duc,
je dînai avec quelques touristes et des pêcheurs
de saumons, installés là pour leurs vacances.

Puis, malgré le mauvais temps qui menaçait, je sortis dans la petite ville qui me parut plus riche et plus coquette que tout ce que j'avais vu jusqu'alors en Irlande. Enfin, comme le soir venait, je passai quelque temps accoudé au parapet du pont sur la Blackwater à regarder couler l'eau noire, mais vive et réjouissante, de la rivière et à écouter la pluie tomber sur les grands arbres du parc et les arbustes qui escaladent les rochers. Le château les surmonte comme une couronne dont les fleurons seraient des tours crénelées. Au clocher de la petite ville, un carillon égrena ces sons argentins et doux qui font pleurer les âmes.

… Que j'aime entendre, le soir, la pluie, monotone et apaisante, tomber avec un bruit de grêle sur les feuillages d'un grand parc !

En 1833, les trappistes irlandais du monas tère de Melleray (Loire-Inférieure), expulsés de

France à la suite d'intrigues locales, vinrent s'établir dans les montagnes désertes du comté de Waterford. Par un souvenir touchant, ils conservèrent à l'établissement qu'ils fondèrent le nom du monastère français d'où notre gouvernement les chassait. Aujourd'hui, dans toute l'Irlande, Mount Melleray est célèbre. Les trappistes défrichèrent 716 acres de terre, maintenant fertiles et couverts de riches moissons; et la jouissance de leur travail leur est assurée par un bail de 999 ans.

Quand nous arrivons à Melleray, un Frère lai, vêtu de la robe brune, nous accueille avec une franche amabilité irlandaise et, lorsque nous lui disons que nous venons de Paris, il nous souhaite la bienvenue en excellent français. Puis, il nous fait visiter tout le monastère : de belles salles où se réunissent les Pères, une bibliothèque très riche, et la chapelle séparée en deux parties dont la plus rapprochée du chœur est réservée aux moines ; les dimanches, on y prêche en gaélique. Sur tous les murs, nous lisons le mot: « Silence, » rappelant aux trappistes la terrible règle de leur Ordre ; parfois, dans les corridors, nous apercevons la silhouette d'un Père, vêtu de blanc, qui glisse sans bruit le long des murs badigeonnés à la chaux. Puis nous traversons quelques bosquets pour arriver à un grand jardin potager : de belles fraises commencent à rosir au soleil ; beaucoup de pommiers et de poiriers promettent une bonne récolte, ce qui est une surprise en Irlande, où l'on néglige maladroitement les arbres fruitiers. Les installations agricoles, les granges, les étables prouvent, par leur prospérité, qu'avec du travail et des capitaux la terre d'Irlande serait riche [1].

Puis, comme les Pères sont aussi des éducateurs, on nous conduit aux écoles : l'une est gratuite pour les enfants pauvres, l'autre reçoit des pensionnaires moyennant une rétribution très modique. On compte aujourd'hui 106 élèves. Dans une grande salle, au fond de laquelle s'élève un théâtre, nous écoutons un instant de jeunes acteurs occupés à répéter une

---

[1] Les trappistes font de la grande culture et leur succès ne prouve rien contre les difficultés, insurmontables selon moi, de la petite culture.

traduction latine du *Jules César* de Shakespeare.
Quelle différence avec les trappistes de France :
j'avoue les connaître assez peu ; mais ils me
semblent beaucoup plus près de terre ; ils font
surtout de l'agriculture ; se sont-ils jamais
occupés d'éducation ? Aux visiteurs ils ouvrent
avec mystère le judas de leur porte et les intro-
duisent avec une sorte de méfiance dans leur
sanctuaire où règne l'atmosphère des couvents.
Cette différence tient sans doute à ce qu'on les
a parfois inquiétés en France, tandis qu'on les
favorise là-bas.

Un peu plus loin, on nous montre le cimetière déjà grand ; sous l'une des tombes, toutes
pareilles et bien alignées, ornées au sommet
d'une petite croix noire en fonte, dort un trap-
piste français, le P. Jules, qui voulut suivre ses
frères dans l'exil. Nous cherchons vainement
la place où il repose : déjà, dans ces rangs des
morts, on ne reconnaît plus les siens.

Nous terminons notre visite par l'hôtellerie
qui attient au monastère : beaucoup d'hôtes de
marque y sont descendus ; on nous cite entre
autres lord Houghton, le précédent vice-roi

d'Irlande, et M. de Courcel, notre ambassadeur à Londres. Les voyageurs ne payent ni leurs chambres ni leurs repas. Nous prenons un lunch excellent et nous forçons le Frère portier à recevoir en retour une légère offrande pour le monastère.

* *

Aujourd'hui, dimanche, le bateau à vapeur qui descend la Blackwater jusqu'à Youghal reste paresseusement à l'ancre et nous sommes obligés de suivre en *car* une route très ombreuse et fort pittoresque, mais qui ne nous empêche pas de regretter la navigation sur cette rivière que les guides appellent pompeusement le Rhin irlandais.

C'est à Youghal, dans son joli jardin de Myrtle Grove, que sir Walter Raleigh planta les premières pommes de terre, aujourd'hui la nourriture principale des paysans irlandais, surtout dans l'ouest sauvage, comme on l'appelle par

analogie avec le Wild West américain. Le
célèbre aventurier, qui vivait au temps d'Élisabeth, importa aussi le tabac de Virginie, et l'on
raconte qu'un jour, comme il fumait tranquil-
lement dans son jardin, sa servante, épouvantée,
crut son maître en flammes et l'arrosa d'un seau
d'eau !

Youghal m'a laissé surtout le souvenir d'une
délicieuse promenade, après dîner, sur le rem-
blai qui borde la mer. Un coup de soleil incen-
diait, en face de nous, les rochers couverts de
bruyères et un grand voilier en pleine mer ;
derrière nous, des centaines de corbeaux se
couchaient en croassant dans les arbres d'un
couvent ; au-dessus de nos têtes, la lune, toute
ronde, s'effaçait dans un ciel d'un bleu pâle
comme les yeux des Celtes. Nous marchions
doucement en croisant de nombreux promeneurs, parmi lesquels beaucoup de soldats
anglais sanglés dans des vestes rouges sur lesquelles tranche la buffleterie blanche, tous la
pipe à la bouche, la badine à la main et jetant
des œillades aux filles.

CHAPITRE V

COICK

Jolie ville qui se déroule comme un ruban sur des collines et sur les rives du fleuve Lee, au bord d'une rade merveilleuse. La couleur locale est fortement marquée dans le peuple. Les femmes portent sur la tête, les unes des capelines noires, plissées, ornées par devant de deux larges rubans qui pourraient servir à faire une boucle, mais qui pendent sur la poitrine ; les autres, des larges châles bruns, bordés d'une rayure de couleur éclatante, sous lesquels on voit à peine leurs yeux, comme ceux des Mauresques. En Afrique, cette coiffure protège contre le soleil ; en Irlande, contre la pluie. Excepté le chapeau à larges bords, le costume des hommes est simple, mais leur langage est rehaussé d'accent gaélique, aussi extraordinaire en anglais que l'accent de Saint-Flour à Paris. Et jusqu'ici on m'appelait souvent « gentleman » ou « sir » ; je deviens : « Votre Honneur ! »

Aucun monument intéressant à Cork ; mais j'ai visité les hommes : des propriétaires, des marchands et fort peu de journalistes. « Monsieur, m'ont-ils dit, les Irlandais font fortune dans tous les pays du monde, excepté en Irlande ! En Amérique, nous comptons 8 à 10 millions de compatriotes, et vous savez combien d'argent ils ont envoyé à Parnell et à la National League, lors de la campagne agraire ; en Australie, la colonie irlandaise devient chaque jour plus riche et plus prospère, et même en Angleterre, chose étrange, environ 2 millions d'entre nous réussissent à vivre et parfois à faire fortune. Notre race a produit sa large part de grands hommes, des littérateurs comme Swift et Thomas Moore [1], des orateurs comme O'Connell, Grattan, Parnell ; des généraux comme Sarsfield, Wellington, votre Mac-Mahon. Voyez-vous,

[1] Les familles de Swift et de Wellington étaient d'origine anglaise.

Monsieur, si nous faisons faillite dans notre pays, il faut en accuser les Anglais ! » Puis ils ajoutent : « Les Anglais sont sans rivaux pour drainer la richesse d'un pays et, partout où ils s'installent, la ruine et la famine arrivent avec eux : dans l'Inde, en Égypte, au Cap et en Irlande. C'est ainsi que nous payons à proportion beaucoup plus d'impôts qu'en Angleterre, et on a calculé que l'excédent de taxes s'élève à 2 millions de livres par an ! »

Les torts de l'Angleterre dans le passé sont plus sérieux encore et je les rappelle ici parce qu'ils expliquent comment l'Irlande ne possède ni commerce ni industrie. En 1663, le Parlement anglais décida d'exclure l'Irlande du bénéfice de l'Acte de navigation et, du même coup, ruina son commerce et sa marine. En 1665 et en 1680, de nouveaux actes prohibèrent complètement l'importation en Angleterre de to is les bestiaux, du lard et même du beurre et du fromage venus d'Irlande. En 1696, on défendit aux colonies d'envoyer directement aucune marchandise à l'île sœur ; et, en 1699, afin de favoriser les fabriques anglaises, on supprima toute expor-

tation de laine manufacturée, industrie nationale de l'Irlande et la plus prospère du monde.
C'est alors que Swift put écrire : « Les ports
magnifiques que la nature a accordés si
libéralement à ce pays ne nous sont pas plus
utiles que des rêves d'avenir à un homme
enfermé dans une prison. » — Shan Van Vocht,
pauvre vieille femme, comme les Irlandais
appellent mélancoliquement leur patrie !

Aujourd'hui il est trop tard pour profiter d'une
législation libérale et regagner l'avance prise
par l'Angleterre et les autres peuples sur le
terrain commercial et industriel. Dans les
combats économiques comme dans ceux des
armes, malheur aux traînards!

Aussi les Irlandais, surtout les plus énergiques et les plus intelligents, désespérant du
succès dans leur patrie, se décident à émigrer
en foule. Voici les chiffres de la population depuis
le recensement de 1841, époque à laquelle elle
atteignit son maximum : 1841, 8.175.124 ; 1851,
6.252.385 ; 1861, 5.798.967 ; 1871, 5.412.377 ;
1881, 5.174.836 ; 1891, 4.704.750. On voit la
décroissance rapide, constante, implacable. Hier,

j'ai lu dans un journal de la ville : « Émigrants partis de Cork la semaine passée, 423. Nombre correspondant pour la semaine de l'année dernière, 252. » Le mouvement est donc loin de se ralentir, et, si le paysan irlandais n'était pas le plus prolifique du monde, l'île d'Émeraude, la perle de l'Océan, se transformerait promptement en désert.

Pour remédier à quelques-uns de leurs maux, les Irlandais ont formé d'innombrables clubs et conférences où l'on discute indéfiniment les mêmes questions. Ils se réunissent les uns chez les autres, le soir, à certains jours. Plusieurs fois, ils m'ont invité à les entendre. On arrive vers dix heures du soir ; avec le marteau de la porte on frappe une série de coups précipités ; et, là-bas, au tournant de la rue, le policeman inquiet dresse l'oreille, ouvre sa lanterne et se rapproche d'un pas circonspect. Rassurez-vous, monsieur Bobby, la réunion n'est pas dangereuse ! Là-haut, dans une grande salle, une vingtaine de personnes sont assises en rond, un gros gâteau au raisin de Corinthe s'élève en dôme sur une table ; l'eau bout pour le thé et beaucoup de tartines beurrées sont rangées par piles sur des assiettes. L'accueil est aimable, gracieux et spirituel : on sent tout de suite la sympathie pour la France ; puis, dès qu'une discussion est sur le tapis, on s'aperçoit qu'il n'y a que des orateurs ou au moins de délicieux causeurs ; vraiment, cette race a reçu les plus heureux dons. Seulement, mes amis de Dublin ou de Cork font presque tous du socialisme sans le savoir, comme M. Jourdain faisait de la prose. Ils demandent que l'État s'empare de toutes les terres et les distribue aux paysans ; on accorderait ensuite une compensation pécuniaire aux « détenteurs » actuels ; — et ils citent comme précédents les confiscations de la Révolution française et le milliard d'indemnité donné aux émigrés.

Il est très curieux que ceux qui proposent de pareilles mesures se défendent hautement d'être socialistes. J'ai trouvé la même ingénuité en Angleterre. Beaucoup de gens en Écosse et dans le pays de Galles réclament la création de tribunaux agraires pour fixer les fermages. De l'agriculture, l'ingérence de l'État, comme c'est le vœu de beaucoup d'associations ouvrières, s'étendrait à l'industrie et au commerce pour régler les rapports du capital et du travail ; la politique de M. Gladstone, en Irlande, serait le point de départ d'un bouleversement de tout le pays. Peu d'Anglais, pourtant, paraissent se douter des progrès de ces idées, moins bruyantes dans leur île, mais plus menaçantes que sur le continent. A la sortie de la séance dans laquelle fut voté, en 1881, le bill qui instituait les tribunaux agraires en Irlande, M. de Münster, alors ambassadeur d'Allemagne à Londres, dit à lord Wemys, qui s'en est souvenu : « Nous croyons très fort en Allemagne que le premier pays soumis au socialisme sera l'Angleterre ! »

Et ce jour-là, dans la digue qui retenait la marée des convoitises populaires, M. Gladstone venait de faire une étroite percée ; peut-être plus vite qu'on ne pense, l'ouvrage entier menacera ruine.

Celui qui juge le mieux la politique est le penseur dans le fond de son cabinet ; l'homme d'État ne voit pas loin dans l'avenir, il fait de

la politique comme un boursier que préoccupe
surtout la liquidation de la fin du mois[1].

Blarney-Castle. — La vieille forteresse des
Mac Carthy, construite au xv° siècle. Du faîte
de la plus haute tour fouettée par un grand
vent de mer, nous pensons voir crouler comme
un château de cartes toutes ces constructions
éventrées, ces murailles déchiquetées où sont
perchés d'innombrables corbeaux ; mais elle
tient bon, l'orgueilleuse ruine, bien cimentée
et encore debout comme l'idée nationale en
Irlande. Dans l'une des petites tours au-dessous de
nous, percée d'innombrables trous, le vent fait
rage et semble jouer dans une flûte de géant.
Aujourd'hui on serait sûr de se rompre le cou
si l'on tentait seulement de regarder la légen-
daire pierre de Blarney. Il y a bien longtemps,

[1] Voir à la fin du volume, Note C.

Mac Carthy le Fort, ayant sauvé la vie à une vieille sorcière qui se noyait, apprit d'elle, pour récompense, qu'une des pierres de son château donnait à tous ceux qui la baiseraient le don de l'éloquence, des discours artificieux et vainqueurs. Se suspendant à une corde, il réussit à baiser la pierre qu'elle lui avait montrée dans la muraille à vingt pieds au-dessous du parapet de la grosse tour. Et quand, un an après, il eut un procès avec le lord-président, sir George Carrew, qui demandait en vertu d'un contrat à être mis en possession du château, Mac Carthy plaida lui-même sa cause devant la Cour de Dublin et son éloquence rusée l'emporta. « Blarney talk » (discours de Blarney) devint un proverbe.

Sous les fondations du donjon, on voit encore des cachots et des souterrains. Dans l'un d'eux long d'un quart de mille, nous sommes conduits par un vieil homme qui parle à peine l'anglais. Il faut marcher la tête courbée et ramper par endroits. On étouffe, et notre guide avance toujours, tenant une longue bougie dont la cire lui coule sur la main. L'endroit est admirable pour une retraite de voleurs : conduits par un complice, les touristes viendraient d'eux-mêmes les trouver, et pendant la nuit les cadavres seraient jetés dans un petit lac sur lequel débouche le souterrain. Les eaux sombres et profondes contiennent déjà une truite rouge qu'aucun pêcheur ne prendra, toute l'argenterie des Mac Carthy, des vaches enchantées qui paissent sur les rives par les nuits sans lune, et même l'ombre de l'un des Mac Carthy, qui ne reposera jamais en paix avant qu'un vivant lui ait adressé la parole.

La baie de Cork. — Un inextricable et gigantesque fouillis de golfes, de promontoires et d'îles. Une flotte peut y disparaître comme une aiguille dans du foin, et celle de Francis Drake, poursuivi par l'*Invincible Armada*, se cacha si bien dans l'estuaire de l'Owenboy, derrière la grande île, que les Espagnols fouillèrent vainement la rade pendant plusieurs jours et se retirèrent, persuadés qu'un mirage magique leur avait dérobé la fuite de l'ennemi.

Un service de bateaux à vapeur parcourt la baie, peu animée ; de rares bâtiments de commerce, quelques yachts et des yoles de course, et, deux fois par semaine, la grande agitation d'un steamer transatlantique qui fait escale entre Liverpool et New-York. Aujourd'hui, le ciel et l'horizon n'ont que des nuances tendres et fondues, rien de heurté, et l'on se plaît à croire qu'il y a « de la joie de vivre » dans les petites villes blanches et les coquettes villas qui s'étagent sur les rives vertes.

Queenstown (ville de la reine), la plus grande des villes de la baie, s'appelait autrefois le Cove de Cork ; mais le nom est changé depuis que la reine y a débarqué, le 3 août 1849, lors de son unique voyage en Irlande. A ce propos, la reine a écrit dans ses *Mémoires* : « Afin de donner au peuple la satisfaction d'appeler Queenstown cet endroit, qui eut l'honneur d'être le premier sur lequel je posai le pied dans la terre d'Irlande, je débarquai au milieu du grondement du canon et des vivats enthousiastes de la foule. » Vraiment, Votre Majesté a fait beaucoup d'honneur ! Je ne voudrais pas émettre une critique contre la reine ou une autre personne de la famille royale, qui, tout entière, inspire à la plupart des Anglais des sentiments d'absolue vénération. Cependant je me permets de regretter, avec nombre de loyaux sujets britanniques, que la reine n'ait fait qu'une seule et courte apparition en Irlande, qu'elle n'ait pas voulu y posséder un château comme Balmoral en Écosse, et que le prince de Galles n'y ait pas entretenu des chasses : la question irlandaise n'aurait jamais été aussi aiguë, et les ministres auraient dû demander à Sa Majesté ce « sacrifice » : elle aurait vite compris qu'une reine ne doit pas se détourner sans motifs, et même si elle a des motifs, d'une partie de ses sujets.

CHAPITRE VI

GLENGARIFF ET KILLARNEY

Le chemin de fer qui nous a amenés de Cork s'arrête à Bantry, et nous attendons dans une sorte de cour des messageries que l'on ait fini d'atteler le grand break qui conduit les touristes à Glengariff. Dans la remise colossale, où sont rangées une douzaine de gigantesques voitures, je remarque un corbillard fraîchement repeint et confortablement suspendu sur de somptueux ressorts : le messager transporte aussi les morts.

A midi précis, le claquement du grand fouet du cocher lance les chevaux sur la route du Prince-de-Galles. Les Irlandais, qui ont refusé de célébrer le jubilé de la reine, ont cependant donné le nom du prince héritier de la Couronne à cette route qu'il a suivie lors d'une excursion en 1884. Et le secrétaire de la Compagnie du chemin de fer Cork, Bandon and South Coast, m'a dit en me délivrant gracieusement un permis de circulation : « Surtout, rappelez-vous que c'est la route du Prince-de-Galles ! » Ce nom royal, réclame magique dans tout le Royaume-Uni, ne m'empêche pas d'admirer surtout la merveilleuse baie de Bantry.

C'est l'une des plus vastes des échancrures innombrables de la côte ouest, où les grandes vagues de l'Océan, venues d'Amérique, ont découpé le schiste ardoisier et le granit comme les feuilles de la plante dite mille-feuilles. La marée monte rapidement en se brisant sur deux îles : Bear-Island, à l'entrée de la baie, et Whiddy tout au fond, et en roulant son écume furieuse sur de petits rochers dont on ne voit plus que les crêtes larges comme la main. Deux fois, les flottes françaises jetèrent l'ancre dans la baie : en 1689, sous la conduite de l'amiral Herbert, envoyé par Louis XIV au secours de Jacques II ; les troupes débarquées prirent part à la campagne, dont le sort fut décidé par la bataille de

la Boyne, perdue contre Guillaume d'Orange, —
et en 1796, sous les ordres de Grouchy, qu'accompagnait le grand rebelle irlandais, Wolfe Tone. Grouchy envoya en reconnaissance un officier et sept hommes qui furent faits prisonniers ; il résolut d'attendre le lendemain pour débarquer ; mais, pendant la nuit, une furieuse tempête balaya la flotte. Un des navires sombra dans la baie, et les pêcheurs, à marée basse, y accrochent souvent leurs filets.

Voici Glengariff : une rade ronde comme un cirque des Pyrénées avec de très hautes parois de rocher d'un gris rougeâtre couvertes d'une merveilleuse végétation ; une mer tranquille, à l'abri de presque tous les vents, semble avoir été amenée là pour quelque gigantesque naumachie. Dans ce site, l'un des plus jolis du monde, au dire de Tackeray, l'exposition au midi, l'abri des montagnes qui s'avancent jusque dans la mer et le voisinage du Gulf-Stream font croître avec un luxe fantastique d'impénétrables haies vives de monstrueux fuchsias sauvages, des forêts de rhododendrons si fleuris qu'ils semblent de grosses boules violettes, et tant de houx et tant de lierre que la terre d'Émeraude doit paraître aussi verte l'hiver qu'au printemps.

Dans un mignon canot bleu, nous parcourons la rade, criblée de petits îlots, sur lesquels poussent des chênes et des sapins, dont les fûts énormes et tout droits s'élèvent dans le ciel comme des colonnes. L'horizon est tellement fermé par les collines ou les îles que nous nous croirions sur un lac, loin de la mer, dans quelque contrée méridionale, sans l'odeur d'iode si pénétrante de l'Atlantique et les varechs gluants qui ondulent sur les rives. Nous remontons quelques centaines de mètres dans l'estuaire bouillonnant de la Canrooska, et nous abordons au pied d'un pont en ruine, couvert de lierre et de mousse, qui étend encore, au bout d'une pile solide, une moitié d'arche comme le moignon d'un membre mutilé. C'est le pont de Cromwell. Pendant son horrible campagne de 1649, le Protecteur trouva tant de difficulté à traverser la rivière qu'il ordonna aux habitants de lui bâtir un pont dans un laps de temps très court, promettant de pendre l'un d'entre eux par chaque heure de retard. Il paraît qu'on obéit en temps utile. — A notre droite, derrière un mince rideau de chênes et de houx, se cache le village de Glengariff : dix maisons dont six cabarets et quatre boutiques.

Quelques coups d'aviron, et nous débarquons dans l'île de Garinish, au pied de la tour de Martello, un fort bâti en 1815, dans la crainte d'une nouvelle invasion française, aujourd'hui complètement envahi par les myrtes, les houx, les fuchsias, les troènes, qu'habitent des fauvettes, des bergeronnettes, des pinsons et quelques autres oiseaux jaunes et blancs jamais vus en France : il n'y a plus place ici que pour les oiseaux et les fleurs.

Nous avons manqué la voiture de Killarney, et pour la rejoindre nous filons à toute vitesse dans un jaunting-car ; je crois que les bagages, le cocher et nous-mêmes allons nous envoler dans le vent de cette course folle.

A la première montée nous rejoignons le grand break où nous nous installons pour ne plus descendre de toute la journée, sauf à Kenmare, où nous luncherons. Nous nous élevons lentement, en passant sous plusieurs tunnels, le long des pentes des montagnes de Caha, hautes de 2.000 pieds, semées de lacs de formes bizarres, perdus dans des plis de terrains, et qui réfléchissent le soleil comme des miroirs; à l'horizon, derrière nous, les vagues bleues de la baie de Bantry; en face, celles de la baie de Kenmare. Peu de chaumières le long de la route sauvage; mais, embusqués derrière les tas de pierres, montant la garde aux détours de la route, d'innombrables mendiants, parmi lesquels beaucoup d'enfants infatigables, qui courent pendant des milles derrière les « coaches », en offrant pour quelques sous des bouquets de bruyère et de chèvrefeuille. Et de même dans toute l'Irlande un peuple de lazzaroni est assis au bord des routes, sous la pluie, tendant la main quand l'étranger passe.

La pluie... c'est aujourd'hui que nous la maudissons. Pendant la matinée elle était seulement menaçante, laissant le soleil resplendir par moments et faisant un de ces adorables ciels changeants et mélancoliques, l'un des charmes des pays du Nord ; mais, après notre départ de Kenmare, elle s'est mise à tomber fine et drue, grisaillant les montagnes et les vallées. Dans le break, peu de murmures ; chacun, résigné, ouvre son parapluie et introduit l'une des baleines, gouttière ruisselante, dans le cou ou dans l'oreille de son voisin.

Plus loin, sur la route, une triste rencontre ; un bicycliste, qui nous avait dépassés avant Kenmare, gît évanoui dans une mare de sang ; sa machine a glissé sur le terrain détrempé et dans sa chute il s'est fait une horrible blessure au front. Nous le hissons dans le break et l'un de nous, pour l'empêcher de tomber, doit le tenir par le bras jusqu'à notre arrivée à Killarney.

Que serait devenu ce malheureux si notre voiture avait été devant lui? Pas une chaumière, pas un passant pendant des lieues dans ces gorges sauvages ; il serait mort de froid et de fièvre sous la pluie.

Quand nous avons fini de monter les pentes escarpées du Derrygariff et dépassé le « Col éventé », nous voyons sous nos pieds, à travers le rideau de pluie, la perspective des trois lacs de Killarney, semés d'îlots et entourés de montagnes coiffées de nuages. Lorsque le soleil répandra sur cette vallée la magie des couleurs, ce sera la fête des yeux. Mais villages, grands parcs, ruines, cascades et ruisseaux, tout disparaît sous la grisaille qui s'épaissit. Depuis un mois, malgré la réputation du climat d'Irlande, c'est le premier jour de pluie sérieuse ; ne nous plaignons pas trop. Jusqu'à Killarney, nous n'apercevons plus que de temps en temps des sous-bois moussus et les houx énormes ruisselants d'eau de chaque côté de la route.

Ce pays semble avoir été dessiné par Gustave Doré : des collines, des rochers escarpés où nichent les aigles, des lacs énormes et des flaques d'eau, des torrents traversés par de vieux ponts, couverts de lierre, des ruines et partout une végétation monstrueuse.

Dans la wagonnette qui nous emmène pour une longue excursion, le guide et le cocher racontent pour la millième fois les légendes du pays : une maison hantée ; un lac au fond duquel vit la tribu des O'Donoghue, submergée par l'imprudence d'une de ses filles, qui s'oublia avec son amant, pendant que coulait l'eau d'une source merveilleusement fécondante qu'elle devait, au bout de quelques heures, fermer avec une pierre enchantée ; un autre lac dans lequel saint Patrick noya le dernier serpent d'Irlande : aussi l'on ne voit plus que de rares lézards d'un gris vert qui fuient sur les rochers ou sous les grosses pierres au bord de la route : les légendes sont toujours vraies !

A cheval nous traversons la brèche de Dunloe ; au point le plus élevé nous sommes saisis par la vue des deux versants : en arrière, cinq petits lacs s'étageant au pied des parois abruptes de la montagne rayées de distance en distance par des bandes brunes qui ressemblent de loin aux gradins d'un cirque ; devant nous se déroule la Vallée Noire qui s'ouvre d'un seul côté sur les lacs de Killarney et est bordée sur les autres par une muraille dantesque : la chaîne des Macgillicuddies. Des nuées d'orage la noircissent et la déforment, cachant les cimes ou les prolongeant dans le ciel, parfois leur donnant l'air de se mouvoir dans un effrayant chaos.

Des femmes, qui habitent de misérables huttes de paille et de terre, courent après nous pour nous offrir des chaussettes grossièrement tricotées, objet de luxe dont elles n'usent pas, et du potheen, eau-de-vie de contrebande fabriquée dans des coins cachés de la montagne. Nous avons la curiosité de goûter cette sorte d'alcool à brûler.

A l'entrée du domaine de Brandon, un gardien nous fait payer un shilling par personne pour nous laisser traverser une étroite bande de terre qui nous sépare du canot dans lequel nous allons nous embarquer sur le lac Supérieur. Cet impôt sur les touristes existe dans toute l'Irlande, mais surtout à Killarney. Ainsi, à lord Kenmare, propriétaire de milliers d'hectares, j'ai payé 6 pence (12 sous) pour visiter son parc, 6 pence pour entrer dans les ruines de Ross Castle et 6 pence encore pour me promener dans le parc aux daims. M. Herbert de Muckross ne m'a fait payer que 1 shilling en une seule fois. Sans ces « petits bénéfices », la plupart des grands propriétaires irlandais ne pourraient réparer les toitures de leurs châteaux, ni faire sabler leurs allées. Les domaines sont « encombrés », comme on dit là-bas, c'est-à-dire couverts d'hypothèques et grevés de rentes dues par la branche aînée aux cadets et à leurs héritiers : misère partout, dans l'aristocratie comme dans le peuple.

Le lac Supérieur, criblé d'îlots, semble absolument fermé par des montagnes tapissées de houx, de genévriers et d'arbousiers. Pour passer, nous contournons un gros rocher sur lequel deux Français, il y a quarante ans, ont gravé en lettres énormes le nom de Napoléon, et nous apercevons le Long-Range, court et étroit passage entre le lac Supérieur et le lac du Milieu.

Bientôt nous nous arrêtons au pied du Nid d'Aigle, rocher abrupt de 600 mètres, vêtu d'arbousiers comme le parc d'un lord: le guide a mis pied à terre sur la rive opposée, et, invisible à nos regards, il commence une fanfare de cor répétée par cinq échos. Les sons s'enflent ou diminuent et rebondissent dans les rochers, faisant songer à des chevauchées de Valkyries pressant le grand cerf d'Irlande dans quelque passe étroite, ou à des Rolands aux éperons d'or sonnant de l'olifant dans les Roncevaux du Nord.

Un détour de la rivière et le paysage s'abaisse: des prairies et des collines peu élevées, couvertes de beaucoup d'arbres, morts depuis si longtemps que l'écorce est tombée, et l'on dirait des squelettes blancs, des ossements des géants légendaires qui peuplaient l'Irlande, restés debout, éplorés.

Tout à coup le Long-Range devient un torrent, puis une cascade qui se jette dans le lac du Milieu. On rentre les avirons, on s'abandonne au courant; un batelier armé d'une gaffe se tient prêt à éloigner le canot des rochers,

6*

puis on file comme une flèche sous un pont, le plus vieux d'Irlande, et le rapide est franchi. A peine le temps d'avoir une légère émotion, due surtout à l'élévation subite des eaux gonflées par la pluie de la veille.

Nous traversons le lac du Milieu, dont je ne vanterai les beautés qu'en répétant le mot de Thackeray sur les lacs de Killarney : « Le plus beau est celui où l'on se trouve ! »

Par un pont d'une seule arche, qui fait un cadre ovale au paysage, nous entrons dans le lac Inférieur, petite mer intérieure de plus de 2.000 hectares. Elle est semée d'îles, elle aussi, parmi lesquelles Innisfallen, mystérieuse et hantée, couverte de ruines où poussent des houx aux troncs énormes, que deux hommes ne peuvent entourer de leurs bras. Comme nous mettons le cap dans cette direction, le vent fraîchit, et, avec cette mobilité des ciels du Nord, si inquiétante, mais qui nous vaut de si merveilleux jeux de lumière, le temps s'assombrit tout à coup, l'eau du lac bouillonne et blanchit comme une lessive, et un coup de vent tombé de la montagne soulève des vagues énormes qui font bondir dangereusement notre petit bateau plat. A un autre jour la visite d'Innisfallen et de l'abbaye de Muckross : ce gros temps va n· ᵗ retarder de plus d'une heure.

Les deux rameurs maintiennent le canot le nez dans le vent et ils percent droit, beaucoup plus loin que le lieu où nous devons atterrir ; puis ils virent de bord et nous sommes chassés à la côte : nous faisons un angle aigu dans le vent et les vagues. A tout moment, il faut, en cessant de ramer ou à l'aide d'un adroit coup d'aviron, éviter les vagues sur le point de faire chavirer notre esquif qui n'a pas de quille. Tout à coup, une lame nous inonde et met un demi-pied d'eau dans l'embarcation. « Steady ! Steady ! » crient les deux rameurs. Nous devons rester immobiles et espérer que la même surprise ne se renouvellera pas quatre ou cinq fois, car nous irions rejoindre au fond du lac la tribu des O'Donoghue, qui y vit fort à l'aise, et que Paddy a vue tant de fois courir à la surface des eaux parmi les blancheurs du matin. Rien n'aura manqué à cette délicieuse journée ; pas même un peu d'émotion... Bientôt nous arrivons sous l'abri de la petite île d'Innisfallen et nous débarquons au pied des ruines de Ross Castle. C'est le plancher vanté par Panurge.

CHAPITRE VII

LIMERICK

Depuis deux jours, je suis malade à l'hôtel
de Cruise, à Limerick. Le docteur qui me soigne
m'a dit ce matin en prenant ma température :
105 degrés ! Heureusement ce sont des degrés
Farenheit. Après son départ, j'essaie de me
rappeler mes notions de physique et de traduire ma fièvre en degrés centigrades ; je fais
et refais le problème et je trouve 40°. Je ne
m'étonne plus si, pendant la nuit, j'ai tant
regretté mon beau pays de France aux fraises
rouges, aux pommes d'or, à la vigne plus belle
encore ; et si j'ai maudit les boissons de ce malheureux Royaume-Uni où la bière est lourde
et le vin horriblement coupé d'alcool. Décidé-

ment les Français sont le plus heureux peuple
du monde !

Le lendemain, mieux portant, je me réveille
aux sons très doux des cornemuses, je regarde
par la fenôtre et je vois défiler une dizaine de
charrettes où sont entassées des familles entières de paysans : hommes, femmes, enfants.
Ils emportent de gros paquets de linge et des
vêtements ; presque tous chantent à pleine voix
ou jouent des airs qui rappellent ceux du biniou
breton ; quelques-uns, les femmes surtout,
pleurent dans des mouchoirs à carreaux ou dans
un coin de leurs châles. Où vont-ils donc? Ce
sont des émigrants, qui, tous les mardis et les
mercredis, vont prendre le bateau pour l'Amérique ou l'Australie. Depuis des années, ils
économisent le prix du voyage en quatrième
classe, et ils vont descendre dans les flancs d'un
de ces grands paquebots transatlantiques où ils
seront, pendant de longs jours, ballottés par les
flots sans autre horizon que la plaque de tôle
qui les entoure, mais ils emportent la consola-
tion des chants d'Érin et l'espérance de jours
meilleurs. Pour quelques-uns, à l'arrivée, des

bras s'ouvriront, ceux de parents qui ont déjà commencé leur fortune loin de la terre d'Irlande, abandonnée, mais où tous ont laissé leur cœur. Parfois, comme pendant les croisades du Moyen Age, les enfants prennent l'initiative de cet exode : à Westport, M. William O'Brien m'a raconté que trente-deux petites filles, dont l'aînée n'était pas âgée de quinze ans, venaient de s'embarquer pour l'Amérique, la seconde patrie des Irlandais, qui croient voir par-dessus l'Atlantique les clochers de leurs nouvelles paroisses sortir des flots.

Aussi quelle rapide décadence sur toute cette côte occidentale d'Irlande : Limerick, la plus grande ville, qui comptait 50.000 habitants il y a quelques années, atteint à peine 35.000 aujourd'hui. Découragés, les Irlandais ne font aucune tentative commerciale et industrielle et se bornent à accuser les Anglais ! Il est vrai qu'ici, dans ce dernier boulevard de l'indépendance, les passions sont plus excitées qu'ailleurs. Un noble anglais, à qui j'ai demandé depuis quand sa famille était installée en Irlande, m'a répondu : « J'y suis venu avec Olivier Cromwell ! »

Et le garçon irlandais, qui s'occupe de moi pendant ma maladie, sait trop bien l'histoire de son pays : « Oui, Monsieur, » me dit-il, « après la prise de Drogheda par le Protecteur, presque toute la population, réfugiée dans la cathédrale, fut massacrée et le sang coulait par cascades sur les marches du perron. A Wexford, à Limerick et dans toute l'Irlande, *ils* ont ainsi pillé et massacré. » Sir W. Petty, une autorité anglaise, a écrit qu'à cette époque, « sur une population de 1.440.000 habitants, 616.000 avaient péri en 11 ans, par l'épée, la peste ou la famine ». Mais à quoi bon rappeler les maux passés que l'on oublie trop lentement? Il ne reste pas une pincée de poussière de toutes les Têtes-Rondes de Cromwell et depuis longtemps s'est éteint le vieux cri de guerre : « A vos tentes, Israël ! » En religion, sinon en politique, l'apaisement s'est fait; depuis 1829, les catholiques sont émancipés, et les protestants, qui lisent si souvent la Bible, ont enfin compris la parole de Jésus à la Samaritaine : « Femme, crois-moi, l'heure est venue où l'on n'adorera plus ni sur cette montagne, ni à Jérusalem,

mais où les vrais adorateurs adoreront le Père
en esprit et en vérité. »

Dès que je peux sortir, je vais me promener
sur le port, formé par le Shannon, large et
profond, qui se jette à plusieurs lieues de là
dans l'Océan. Je ne vois que deux ou trois
petites barques et un grand navire chargé de
blé, venu de la République Argentine : cette
mitraille-là fera plus de mal aux Irlandais que
les grenades de Guillaume d'Orange. Perdus
dans le vaste paysage, quelques hommes travaillent à décharger les sacs ; un peu de brume
s'élève au ras de l'eau ; la longue file des
maisons noires et endormies me semble prendre
un air plus maussade : mon Dieu, comme c'est
triste, un quai désert !

Et quelle douloureuse impression de ciel gris,
de brouillard et de silence qui recouvrent l'aban-
don, la misère et le souvenir d'un passé glorieux ! Oh ! ce jardin public de Limerick où
croissent toutes les herbes folles, ce quartier de
la Vieille Ville dont la plupart des maisons
s'écroulent, et la grosse pierre moussue sur
laquelle fut signé le traité de capitulation, la

cathédrale sombre et humide ensevelie dans ses arbres verts, et le vieux château, trapu et lourd, où, dans la cour, un soldat anglais, qui compte des obus, met une note rouge et criarde!

. . . .

Le 9 août 1690, Guillaume d'Orange, avec une armée de 28.000 hommes, mit le siège devant Limerick. Les troupes de Jacques II venaient d'être battues à la décisive bataille de la Boyne; Lauzun et les soldats envoyés par Louis XIV, abandonnant la partie, s'étaient retirés à Galway et le général français avait même dit : « Limerick ne peut pas être défendu : de pareils remparts seraient abattus avec des pommes cuites! » Pourtant 10.000 fantassins irlandais et 4.000 cavaliers sous les ordres de Boisseleau, un très habile ingénieur français, et de Sarsfield, le héros national de l'Irlande, s'y enfermèrent, résolus du moins à vendre chèrement leur vie. Guillaume d'Orange, loin de s'attendre à une résistance, envoya un message à Boisseleau, nommé gouverneur de la ville. pour lui demander de se rendre. « Dites au roi d'Angleterre, » répliqua le Français, « que je compte mériter mieux son estime par une vigoureuse défense que par une honteuse reddition ! »

Guillaume, surpris, fit ses préparatifs de siège et attendit, pour commencer le bombardement, un train d'artillerie qui venait de Waterford. Mais Sarsfield, mis au courant des projets de l'ennemi, partit pendant la nuit avec 500 cavaliers, surprit le convoi et fit sauter tous les canons.

Les Anglais attaquèrent alors la ville avec l'artillerie de campagne pendant que de nouvelles pièces étaient envoyées de Waterford. Après bien des retards, une large brèche fût ouverte dans les remparts de la ville et le 27 août, à trois heures de l'après-midi, Guillaume ordonna l'assaut. Les assaillants enlevèrent rapidement la brèche et envahirent la ville : la victoire leur semblait assurée. Mais les défenseurs se rallièrent dans les rues et une mêlée furieuse commença; les habitants de Limerick, les femmes et les enfants jetaient des pierres, de l'eau bouillante et tous les projectiles qui leur tombaient sous la main. Les heures s'écoulaient : tantôt les assiégeants gagnaient du terrain, tantôt ils en perdaient. Enfin le régiment des Brandebourgeois venait d'entrer dans la ville et allait prendre les Irlandais par derrière quand une mine éclata sous leurs pieds et tua le plus grand nombre. Les Anglais commencèrent alors à reculer lentement, mais d'une façon continue ; comme la nuit tombait, ils étaient tous rejetés hors de la ville et repoussés jusque dans leurs retranchements. Quelques jours après, Guillaume d'Orange s'embarqua pour l'Angleterre, laissant le commandement au général Ginkel qui leva le siège.

Une nouvelle campagne occupa la plus grande partie de l'année 1691 ; les troupes irlandaises furent encore refoulées à Limerick et le 30 août commença le second siège. Pendant un mois les Irlandais repoussèrent toutes les attaques ; mais l'ennemi s'était emparé de toute l'Irlande, sauf cette dernière ville : la lutte était désespérée. Il ne restait plus qu'à obtenir une paix honorable : Sarsfield la signa le 3 octobre 1691. Ce traité, qui devait être immédiatement violé par le vain-

queur, accordait aux Irlandais le libre exercice
du culte catholique et la paisible possession de
leurs domaines. En outre, Sarsfield et les troupes
irlandaises pouvaient se retirer en France.

Cette dernière clause, qui seule fut exécutée,
donna lieu à une cérémonie étrangement émou-
vante. Ginkel et Sarsfield publièrent chacun une
proclamation : le premier recommandait le service de Guillaume d'Orange ; le second, celui
de Louis XIV. Le 6 octobre, l'armée fut passée
en revue : un drapeau avait été fiché en terre
sur la place d'armes et il était entendu que
ceux qui choisiraient le service d'Angleterre,
arrivés en face du drapeau, prendraient par
file à gauche, tandis que les autres, qui préfé-
reraient la France, poursuivraient leur marche.
Un soleil radieux éclaira ce singulier spectacle.
D'abord une messe fut dite et les troupes bénies.
Quand tout fut prêt, Ginkel, entouré de l'état-
major anglais, s'avança ; l'armée irlandaise,
forte de quinze mille hommes, présenta les
armes. L'adjudant-général Withers, s'appro-
chant du front des troupes, les adjura, en
quelques mots émus, de choisir le service d'An-

gleterre ; puis le commandement de « Marche! »
retentit.

Les habitants de Limerick et des environs
couvraient les remparts et les toits des maisons ;
mais un silence terrible plana sur toute cette
scène quand le mot décisif fut prononcé. La
Garde d'Irlande, forte de 1.400 hommes, qui exci-
tait surtout l'admiration de Ginkel, arriva la
première devant le drapeau : tous continuèrent
leur marche, à l'exception de sept qui se ran-
gèrent du côté de l'Angleterre ; deux autres régiments, recrutés en Ulster, les suivirent ; mais
presque tous les autres choisirent le service de
la France. Lorsque le long défilé fut terminé,
deux mille cinq cents hommes à peine s'étaient
rangés sous le drapeau anglais.

Sarsfield termina ses jours en France au service de Louis XIV ; il ne survécut pas longtemps
au désastre de son pays. En septembre 1693,
sur le champ de bataille de Landen, il tomba
mortellement frappé au moment où, victorieux,
il chargeait l'armée anglaise en déroute[1].

Les soldats qui l'avaient suivi en France

[1] R. Barry O'Brien, *Ireland.*

formèrent la brigade irlandaise si célèbre dans nos fastes militaires. Associés à nos succès et à nos revers, pendant un siècle, plus de 450,000 enfants d'Érin sont morts sur nos champs de bataille.

A Fontenoy, lorsque le maréchal de Saxe donna aux Irlandais l'occasion de se venger du parjure de Guillaume d'Orange, ils marchèrent au combat en poussant le cri de guerre: « Souvenez-vous de Limerick et de la foi saxonne ! »

CHAPITRE VIII

L'EXPÉDITION DU GÉNÉRAL HUMBERT

Les Irlandais me semblent avoir, comme les Anglais, l'esprit plutôt analytique. Au rebours des Français et des Allemands, ils ne font presque jamais de synthèse. Ainsi l'employé d'une administration se cantonnera dans son département dont il connaîtra parfaitement les arcanes, mais il se préoccupera rarement de ce qui se passe dans les bureaux voisins et il ignorera toujours le fonctionnement général de la machine dont il est un ressort. En Angleterre, quand on demande un renseignement à toute autre personne que le « right man », on reçoit cette réponse : « Je ne sais pas, adressez-vous ailleurs ; » les Irlandais, qui sont plus polis, ne manquent jamais de répondre, seulement ils le font tout de travers.

Plusieurs fois j'ai failli être victime, en chemin de fer, de ce genre d'erreurs, et finalement j'ai échoué piteusement à Claremoris avec tous mes bagages et à 30 milles de Westport où je devais coucher.

Le voyageur, qui de Limerick ou de Galway remonte vers le nord, ne peut atteindre Westport que par un long détour au centre de l'Irlande : les compagnies de Sligo-Waterford-Limerick et de Midland-Great-Western ne s'entendent pas plus pour les correspondances des trains que les Irlandais unionistes et les Irlandais nationalistes sur les questions politiques. Heureusement les jaunting-cars abondent dans toutes les stations : Paddy n'ayant rien à faire dans ses champs ou dans son village attelle sa voiture, se rend à la station voisine et s'endort sur les coussins, en attendant un voyageur ; puis, comme l'aubaine est rare, il se rattrape par la cherté de ses tarifs. Il faut bien cette fois passer sous les Fourches Caudines : un premier car nous mènera de Claremoris à

Castlebar où nous chercherons un second véhicule pour gagner Westport.

Une interminable route qui traverse un pays légèrement « vallonné » et assez fertile, criblé de mares et d'étangs pleins de roseaux, où nagent des poules d'eau, semé de maisons en ruine — maisons d'évictés ou d'émigrés, — nous conduit à Castlebar. Cette petite ville d'aspect coquet est célèbre dans toute l'Irlande par la victoire remportée sur les Anglais en 1798 par le général Humbert, et j'apprends que l'année prochaine, pour fêter le centenaire de la Révolte d'Irlande, les patriotes projettent un pèlerinage solennel à ce champ de bataille et au monument élevé, il y a vingt ans, à la mémoire. des Français morts pour l'indépendance irlandaise[1]. Déjà dans les chaumières on coud les drapeaux tricolores et les fanfares des villages répètent *la Marseillaise*. Humbert? Castlebar? Je redis ces noms qui n'évoquent chez moi aucun souvenir. Hélas! il y a là tout un coin glo-

---

[1] Au moment de mettre sous presse, nous apprenons que les fêtes du Centenaire ont commencé par des troubles graves à Belfast. 103 agents de police ont été tués ou blessés, le 6 juin 1898.

rieux de nos fastes militaires enveloppé dans l'oubli. Au moment de l'expédition d'Irlande toute l'attention en France était attirée par Bonaparte et ses rêves de conquête orientale. Guizot ne consacre que quelques mots à Humbert et Thiers se contente de ces lignes pleines d'inexactitudes : « L'Irlande s'était soulevée, et
« le Directoire y avait envoyé le général Humbert
« avec 1.500 hommes. Malheureusement un
« envoi de fonds que devait faire la trésorerie
« ayant été retardé, une seconde division de
« 6.000 hommes, commandée par le général
« Sarrazin, n'avait pu mettre à la voile et
« Humbert était resté sans appui. Il s'était
« maintenu longtemps et assez pour prouver
« que l'arrivée du renfort attendu aurait changé
« entièrement la face des choses. Mais, après
« une suite de combats, il venait de mettre bas
« les armes avec tout son corps. » — Les historiens anglais ont longtemps fait preuve d'une ignorance presque aussi complète : ce n'est qu'en 1890 qu'un récit détaillé de l'expédition fut publié pour la première fois à New-York : *The French Invasion of Ireland*[1].

[1] Par Valerian Gribayedof.

Voici les faits tels qu'ils ressortent de ce livre, des renseignements oraux que j'ai recueillis en Irlande et de divers articles parus récemment dans des revues anglaises [1].

A la nouvelle de l'insurrection irlandaise de 1798, le gouvernement du Directoire, cédant aux instances de Wolfe Tone et reprenant les projets de Hoche, résolut d'envoyer une seconde expédition en Irlande [2]. Trois détachements devaient partir de différents ports français : le général Humbert avec 1.100 soldats casernés à La Rochelle ; le général Hardy avec 3.000 cantonnés à Brest ; le gros de l'armée, 10.000 hommes, sous les ordres de Kilmaine « le brave », devait suivre, en cas de succès, les deux premiers détachements. Au dernier moment, le Directoire devint hésitant et Humbert résolut de partir à ses risques et périls. Accompagné de Matthew Tone, le frère du célèbre rebelle irlandais, Wolfe Tone, et d'un autre exilé irlandais, Bartholomew Teeling, il quitta

---

[1] Cf. *Who fears to speak of 98 ?* par William O'Brien dans la *Contemporary Review*. — L. Jouve, *Biographie de Humbert*.

[2] La première était celle dont j'ai raconté l'échec dans la baie de Bantry. (Cf. supra, page 91.)

La Rochelle vers le milieu du mois d'août et le 22 il débarqua à Killala, petite baie sur la côte ouest d'Irlande entre Westport et Sligo.

Humbert était un enfant du peuple, né en 1755 ou 1767 à Rouvergue (Meurthe); querelleur et vagabond, d'abord commis intolérable dans une fabrique de chapeaux à Lyon, puis marchand de peaux de lapins; doué d'une vive intelligence, d'une force physique extraordinaire et d'une audace inouïe : un de ces hommes auxquels convient seul le métier des armes. Il s'enrôla dans les premiers bataillons levés dans les Vosges par la République, et il était déjà maréchal de camp sous les ordres de Beurnonville lorsque nos troupes envahirent le territoire de Trèves en 1793. Dans la guerre de Vendée il continua de se distinguer et tenta avec Hoche d'empêcher le massacre de Quiberon ordonné par les deux commissaires généraux Blad et Tallien. Enfin, en août 1798, il venait, à la tête de 1.100 soldats, envahir un pays occupé par 150.000 hommes de l'armée anglaise. Il comptait sur l'excellence de ses troupes, victorieuses depuis plusieurs années en Allemagne et en Italie, sur un soulèvement général de l'Irlande, des renforts de France et l'indiscipline des régiments anglais habitués à massacrer des rebelles dans un coin de montagne, et non à faire face à des vétérans de la République. Sa campagne peut se comparer à la conquête de Mexico par Cortez et il fut toujours vainqueur jusqu'au jour où il accepta une capitulation honorable.

Un premier engagement eut lieu à Killala : le capitaine Kirkwood tenta de s'opposer au débarquement ; mais presque tous ses hommes furent tués, blessés ou faits prisonniers. Dès le lendemain, Humbert, fidèle à la politique de la République Française, publia une proclamation par laquelle il appelait le peuple à l'indépendance et décrétait la République Irlandaise. Mais il ajoutait : « Nous jurons le plus inviolable res-« pect pour vos propriétés, vos lois et toutes « vos opinions religieuses... » Les paysans catholiques voulaient, au contraire, le pillage des biens des protestants, et pendant tout le temps de l'occupation il fallut l'ascendant et la grande énergie des officiers français pour empêcher ou du moins arrêter les vols et les massacres. De plus, des dissentiments devaient promptement s'élever entre les Irlandais si attachés à leur foi et nos soldats libres penseurs, qui avaient chassé le Pape de ses États. Les prêtres surtout se trouvèrent dans une situation délicate.

Heureusement on n'avait pas de temps à perdre en discussions. Le 24 août, deux jours après le débarquement, lord Cornwallis, le vigoureux adversaire de Washington, commandant en chef des troupes qui réprimaient la révolte d'Irlande, reçut la nouvelle de l'engagement de Killala. Il réunit aussitôt des forces considérables et marcha vers le pays de Connaught.

Humbert, de son côté, s'avançait vers l'intérieur, espérant, dans une marche heureuse, enrôler des milliers de catholiques pour la défense de la liberté. Il se heurta au nord de Ballina contre les troupes anglaises du major Kerr, qui accourait à sa rencontre. Le général Sarrazin, commandant en second de la petite armée française, commença l'attaque pendant que l'adjudant-général Fontaine tournait la position ennemie. Le major anglais, craignant d'être enveloppé, ordonna la retraite, qui se changea en déroute lorsque Humbert chargea en personne à la tête d'un détachement du 3e régiment de chasseurs montés sur des chevaux réquisitionnés à Killala.

Les Français occupèrent Ballina, mais s'y reposèrent peu de temps. Dans la matinée du dimanche 26 août, des paysans apportèrent la nouvelle que le général Hutchinson, campé à Castlebar, recevait des renforts d'heure en heure ; et aussitôt Humbert résolut de l'attaquer. Par un temps affreux il donna l'ordre du départ et, sous un ciel bas et sombre, à travers un déluge qui noyait la campagne, l'armée commença une marche de quinze heures.

Deux routes conduisent de Ballina à Castlebar : la plus courte longe la rivière Moy et traverse Foxford, la plus longue passe par Crossmalina. Le général Lake venait de prendre le commandement en chef des troupes : il avait sous ses ordres Hutchinson avec environ 6.000 hommes et 18 canons sur la route de Crosmalina ; puis à Foxford campait le brigadier-général Robert Taylor avec des forces suffisantes pour arrêter Humbert, dont on savait les faibles ressources.

Humbert s'avança d'abord par la route de Foxford ; puis, à la tombée de la nuit, il tourna brusquement à droite et se dirigea vers Crossmalina. Il mettait tout son espoir dans une surprise de l'ennemi. Malheureusement, comme la colonne, à la pointe du jour, sortait de la passe de Barnageehy, un fermier protestant, qui se rendait à ses champs, aperçut dans l'éloignement une ligne d'habits bleus qui se mouvait rapidement.

Il courut vers Castlebar, où il jeta l'alarme. Le général Trench, tout en croyant à une fausse alerte, partit en reconnaissance avec quelques dragons, mais il n'avait pas fait trois milles qu'il recevait une salve de coups de fusil tirée par l'avant-garde française. Plus de doute, l'ennemi arrivait par Crossmalina à marche forcée.

Lorsqu'à huit heures du matin Humbert et son état-major se trouvèrent en face des Anglais, ils les virent rangés en bataille sur trois lignes qui couvraient une petite hauteur appelée mont

Burren. Tout semblait perdu. Lake de son côté ne doutait pas du succès; d'ailleurs il croyait fermement — comme beaucoup de ses compatriotes — qu'un soldat anglais vaut deux Français, trois Espagnols, quatre Hollandais et un nombre incalculable d'hommes de couleur!

Humbert forma les Irlandais en colonne d'attaque, ceux du moins qui étaient pourvus d'armes et vêtus d'uniformes débarqués à Killala. Puis, les faisant appuyer par les grenadiers de Sarrazin, il les lança contre l'ennemi. Lorsqu'ils arrivèrent à une centaine de pas des lignes anglaises, le capitaine Shortall, qui commandait l'artillerie, ordonna de faire feu, et les boulets, bien dirigés, coupèrent littéralement en deux la colonne d'attaque. Les survivants, qui n'avaient de leur vie entendu ni vu chose semblable, s'enfuirent de toute la vitesse de leurs jambes et ne prirent plus aucune part à la bataille de Castlebar.

Les grenadiers français, sans s'inquiéter de la fuite des Irlandais, gravissaient la colline, baïonnette au canon. Sur un autre côté un bataillon de la ligne, profitant des inégalités du terrain et des haies en pierre qui sillonnent le pays, s'avançait à l'attaque de l'aile gauche. Une vive mais courte lutte suivit dans laquelle les Français furent repoussés et forcés de redescendre en désordre les flancs des hauteurs.

Les rangs se reformèrent aussitôt, les morts et les blessés furent remplacés par des troupes fraîches et on reprit l'offensive. Cette fois, un grand troupeau de bestiaux était chassé devant le front d'attaque dans le but de neutraliser quelque temps le feu de l'ennemi.

Cette ruse fut désastreuse : épouvantés par les décharges des Anglais, les animaux retournèrent sur leurs pas et traversèrent les rangs de nos soldats qu'ils jetèrent dans une grande confusion.

A ce moment, si le général Lake avait fait charger ses troupes, il eût remporté une victoire complète. Mais Humbert, stupéfait, s'aperçut qu'aucun homme ne bougeait dans les lignes ennemies et il comprit que le commandement en chef leur manquait complètement. Une attaque générale fut aussitôt résolue. Il étendit sa ligne de bataille de telle sorte qu'elle débordât l'aile gauche des Anglais, et, quand il eut donné le commandement de marche, on vit s'avancer une longue ligne bleue hérissée de 800 baïonnettes.

Aucun ordre ne fut donné par Lake ; aucun effort ne fut tenté pour percer sur quelques points ce rideau de troupes. Le feu de l'infanterie, très mal dirigé et exécuté « à volonté », ne fit presque aucun mal aux Français. Dès qu'on fut à bonne distance, Sarrazin fit sonner le pas de charge et la crête des hauteurs fut attaquée à la baïonnette. L'aile gauche anglaise, ayant été débordée par nos soldats, qui avaient exécuté le mouvement comme à la parade, se trouva attaquée en flanc, et aussitôt la milice, puis les réguliers lâchèrent pied. La bataille était plus disputée sur les positions qu'occupaient l'artillerie et les Highlanders ; un combat corps à corps d'une extrême violence s'était engagé. La plupart des artilleurs sont morts et Shortall pointe lui-même un des canons ; un officier français l'aperçoit, s'élance à sa rencontre et lui lâche un coup de pistolet ; puis, l'ayant manqué, il cherche à tirer son épée ;

mais Shortall, maître en l'art de la boxe comme tout bon Anglais, se précipite sur son adversaire, le jette à bas de son cheval, saute lui-même en selle et réussit à s'échapper. Voyant son artillerie prise, sa gauche et sa droite en déroute, Lake ordonne la retraite que la panique change en fuite désordonnée. Poursuivi par nos troupes, l'ennemi courait si vite que la bataille reçut le nom de Courses de Castlebar.

Un certain nombre de soldats d'élite arrêtés dans leur déroute par le major Thompson, le comte de Granard, les capitaines Chambers et Armstrong se reformèrent dans la ville de Castlebar et un sanglant combat dans les rues se prolongea près d'une heure. Enfin Sarrazin, Fontaine et le chef de bataillon Ardouin triomphèrent de toute résistance.

Dans son compte rendu au Directoire, Humbert écrivit que la journée coûtait aux Anglais « 1.800 hommes, dont 600 tués ou blessés et 1.200 prisonniers, 10 pièces de canons, 5 drapeaux, 1.200 fusils et presque tout le bagage » ; mais ces chiffres sont certainement exagérés. Les pertes de notre côté sont inconnues.

Quoi qu'il en soit, le général Humbert avait mis en déroute complète un ennemi bien armé et huit fois plus nombreux. Un auteur anglais (*Jone's narrative of the Insurrection in Connaught*) a écrit : « La bataille de Castlebar a été un commentaire éclatant de la parole de Salomon : « La course n'appartient pas au plus « rapide, ni la victoire au plus fort! »

Le soir même, les officiers français, ayant brossé la poussière de la bataille et changé leurs épaulettes, donnèrent un bal. Toute la jeunesse de Castlebar dansa fort avant dans la nuit aux sons d'un vieux clavecin et de violons qui jouaient des airs de France. Autour de la ville et loin dans la campagne vers Westport et Newport, sur toutes les hauteurs s'allumaient des feux de joie.

Au matin du 28, de nombreux paysans, venus de toutes les parties du Connaught, envahirent la ville. Ils étaient armés de vieux fusils, de piques et de bâtons irlandais, sorte de massues de houx connues sous le nom de shillalahs. Tous demandaient à être enrôlés dans les régiments de la République d'Irlande, ils chantaient par

les rues les refrains sauvages de leurs montagnes
et portaient un arbre de la liberté couronné du
bonnet phrygien.

Malheureusement leur enthousiasme dégé-
néra en représailles contre les Protestants, et,
en dépit des efforts des Français, plusieurs
demeures furent pillées, en particulier les
splendides châteaux de lord Lucan et de lord
Altamont.

Le 31 août, quatre jours après l'entrée des
Français dans Castlebar, un nouveau gouvernement civil fut proclamé pour le Connaught. Il
se composait de douze membres présidés par
un certain John Moore. Castlebar devint provi-
soirement le siège du gouvernement. Une proclamation ordonna l'équipement d'une milice
destinée à seconder et à approvisionner les
troupes que Humbert s'efforçait de former pour
continuer la campagne. Tous ceux qui, après
avoir reçu des armes et des vêtements, man-
queraient de rejoindre l'armée dans les vingt-
quatre heures seraient déclarés rebelles et
traîtres. Le dernier paragraphe de la proclamation ordonnait, « au nom de la République Irlan-

daise », à tout homme valide âgé de 16 à 40 ans
« de se rendre immédiatement au camp fran-
« çais afin de marcher en masse contre l'ennemi
« commun, — les tyrans d'Irlande, — les An-
« glais, dont la destruction seule peut assurer
« l'indépendance et le bien-être de la vieille
« Hibernie ! »

En même temps, Humbert écrivait au ministre
de la Marine pour lui demander 2.000 hommes
de renfort et lui exposer son plan : « Dès que
« le corps des Irlandais Unis sera habillé, »
disait-il, « je marcherai contre l'ennemi dans
« la direction de Roscommon où les partisans
« de l'insurrection sont très ardents. Aussitôt
« que l'armée anglaise aura évacué la province
« de Connaught, je passerai le Shannon et
« m'efforcerai de joindre les insurgés du nord.
« Alors je serai en force pour m'avancer sur
« Dublin et livrer une bataille décisive. »

L'Irlande d'ailleurs, dont la révolte n'était
pas encore complètement réprimée au moment
du débarquement à Killala, se soulevait de
nouveau. Dans les comtés de Monaghan et
de Cavan, une véritable armée de plus de

20.000 insurgés s'était formée et se disposait à attaquer la ville de Cavan où se trouvait un nombreux matériel de guerre.

Les événements se précipitaient. Le 3 septembre au matin, on apprit que lord Cornwallis était à Athlone avec un corps considérable de troupes régulières. Humbert décida aussitôt de quitter Castlebar et de gagner Cavan en faisant un long détour à travers les comtés de Sligo et Leitrim. Il envoya des ordres de départ à ses détachements de Ballina et de Killala et se mit lui-même en route le 3 septembre au soir et le 4 au matin. 80 prisonniers de guerre, qui auraient embarrassé la marche, furent remis en liberté.

L'un d'eux, dès que les Français se trouvèrent hors de vue, partit pour Hollymount, à 14 milles au sud de Castlebar, que l'on supposait occupé déjà par lord Cornwallis. Sur la route, il rencontra l'avant-garde anglaise commandée par le colonel Crawford, auquel il fit part des événements. Crawford avec une troupe de cavaliers galopa vers Castlebar, où il entra le soir par une pluie battante. Les insurgés, qui étaient presque tous dans leurs demeures occupés à boire, n'opposèrent aucune résistance ; John Moore, le président de Connaught, fut arrêté au milieu d'une douce ivresse, dit un des historiens, et il ne fut plus jamais question du Gouvernement civil de la République Irlandaise.

Tandis que ces événements se passaient sur ses derrières, l'armée de Humbert pressait sa marche : elle n'était au bout ni de ses succès, ni de ses fatigues. La fin de l'été, comme il arrive souvent en Irlande, était affreuse. Un mauvais vent qui venait de se lever de la mer gémissait dans le noir de la campagne déserte. De temps en temps passaient de grandes rafales qui faisaient envoler les lourds manteaux des soldats et flotter dans le rang les paysans irlandais harassés de fatigue. Mais il fallait marcher toujours. Le 4 au soir, Humbert coucha à Swineford et le lendemain, après une courte halte à Bullaghy, il atteignit Tubbercurry. Dans ce village pour la première fois, durant la seconde partie de la campagne, le sang coula. La milice à cheval de Corrailincy et Coolavin, sous la conduite du capitaine O'Hara, attaqua l'avant-garde de Humbert qui la repoussa vigoureusement et la força de fuir après lui avoir infligé quelques pertes et pris deux officiers.

Pendant la soirée, un corps considérable de rebelles, ayant traversé les montagnes entre Ballina et Tubbercurry, rejoignit l'armée d'Irlande. Le lendemain, de bonne heure, celle-ci reprit sa marche, poursuivie, à défaut d'ennemis, par un temps affreux, des sifflements de vent et de grands bruits d'eau et laissant des traînards tout le long de la route.

Aux environs de Colooney on apprit l'approche des troupes anglaises du nord. Humbert rangea ses soldats en bataille et à deux heures et demie de l'après-midi apparut le colonel Vereker à la tête de 600 hommes de la garnison de Sligo, 250 miliciens de Limerick, un détachement du 24° régiment de dragons, 20 hommes de l'Essex Fencible Infantry, 30 autres miliciens et 2 canons. Cette seule troupe, comme on voit, dépassait en nombre les soldats français.

La bataille fut chaudement disputée et habilement conduite de part et d'autre. 20 Français furent tués, 30 furent blessés ainsi qu'un grand nombre de rebelles irlandais qui, déjà devenus soldats, combattirent avec beaucoup plus de vaillance qu'à Castlebar. Lorsque Vereker eut ordonné la retraite : « Voilà le premier homme, » dit Humbert, « que j'aie encore « rencontré en Irlande, capable de commander « 50 hommes dans une bataille. » Craignant une nouvelle attaque, le général français resta pendant quelques heures sur ses positions ; puis, ne voyant aucun ennemi apparaître, il tourna vers l'est et suivit la grande route de Manor-Hamilton dans le comté de Leitrim.

Des émissaires lui ayant appris d'une façon précise la concentration des rebelles aux environs de la ville de Granard, il comprit que sa dernière espérance était d'atteindre ce point où il se trouverait en bonne position stratégique entre l'armée royale et Dublin, et il s'enfonça vers le sud.

Bientôt le colonel Crawford, à la tête de la cavalerie, appuyé par toutes les troupes de Lake, le serra de près. Tantôt en flanc, tantôt en queue, il le harcelait, et tout le long de la route il fallait faire le coup de feu. Cette poursuite acharnée fatiguait les troupes, mais empêchait les désertions des Irlandais, qui savaient que tous les rebelles isolés ou laissés en arrière étaient aussitôt passés par les armes. Pour accélérer la marche, on avait jeté deux pièces de canons dans un marais en quittant Coloonoy, et cinq autres dans une rivière à Dromahain.

Peu de nourriture pendant le jour, guère de repos durant la nuit. Et autour de l'armée, toujours ce vent, mêlé de pluie, qui chantait ses refrains tristes sur les tourbières et les landes. Plus d'un pauvre Paddy dut les écouter avec effroi, comme les chants des âmes maudites de nains et de sorciers qui virent toute la nuit autour des grandes croix de pierre en Irlande.

Entre Drumshambo et Ballynamore, Crawford tenta une attaque générale qui lui fut désastreuse : beaucoup de ses hommes furent tués ou blessés et le reste aurait été fait prisonnier si Humbert, se croyant engagé avec toute l'armée de Lake, n'avait arrêté ses troupes. Ce fut le dernier succès de l'Invasion française en Irlande.

8*

Le 7 septembre, l'armée franchit le Shannon à Ballintra ; mais elle était serrée de si près par les ennemis, qu'elle ne put détruire qu'en partie le pont sur lequel elle venait de passer. A la nuit tombante, elle arriva à Cloone, et, comme tous étaient épuisés, Humbert ordonna une halte de deux heures. Là il reçut une délégation des insurgés du pays de Granard, qui l'informèrent qu'au nombre de 6.000 ils avaient été repoussés dans une attaque contre l'arsenal de cette ville ; mais ils n'étaient nullement découragés et leur nombre s'était accru de près de 4.000 hommes. Ils attendaient avec impatience l'arrivée des Français pour reprendre l'offensive. Fontaine, dans ses Mémoires, dépeint le chef de la délégation comme une sorte de chevalier errant du xiiiᵉ siècle, bizarrement accoutré et porteur des armes les plus diverses.

Ces pourparlers perdirent un temps précieux; de plus, les soldats de garde, au lieu de réveiller l'armée au bout de deux heures, comme ils en avaient reçu l'ordre, la laissèrent dormir quatre heures, et pendant ce temps Lake, ayant réparé le pont de Ballintra, arrivait à marche forcée.

Il entra dans Cloone par une extrémité, tandis que les Français en sortaient par l'autre.

A dix heures du soir, il reçut de lord Cornwallis l'ordre de forcer à tout prix Humbert à un engagement, tandis que toute l'armée du lord lieutenant, par une marche de nuit, s'avançait à Saint-Johnstown pour couper les Français dans leur jonction avec les insurgés.

Lake fit monter à cheval cinq compagnies d'infanterie et les lança avec toute sa cavalerie à la poursuite de l'ennemi. Dès que celui-ci fut rejoint, les fantassins mirent pied à terre et ouvrirent le feu. Comprenant qu'une bataille devenait inévitable, Humbert arrêta ses hommes et commença ses préparatifs de combat.

Quelques heures encore, et lord Cornwallis allait apparaître sur le terrain : 30.000 hommes entouraient la petite armée d'Irlande. Épuisée par une marche de près de 100 milles depuis son départ de Castlebar, décimée par des combats incessants et par les maladies, privée de presque toute son artillerie qu'elle avait jetée dans les marais ou les rivières pour accélérer la marche, elle ne pouvait garder aucune espérance de vaincre, pas même de s'échapper. Humbert, caractère violent et prompt aux emportements, retrouvait dans le danger tout son sang-froid. Il posta son armée sur une colline, près du village de Ballinamuck : sa gauche était en partie protégée par une tourbière, et sa droite par une autre tourbière et un lac. On ne pouvait choisir une meilleure position. Ce général luttait avec une ténacité et une habileté qui font songer à celles de Napoléon pendant la Campagne de France.

Le matin du 8 septembre, au début de l'action, on vit tout à coup le général Sarrazin, qui avait été le bras droit de Humbert pendant toute la campagne, galoper vers le bas de la colline en brandissant son chapeau au bout de son épée comme signe de reddition : et sa division mettait bas les armes. Ce fut pour Humbert ce que devait être la trahison de Marmont à Essonne.

Lake, croyant que l'armée d'Irlande capitulait tout entière, dépêcha le capitaine Packenham et le major-général Craddock pour recevoir l'épée de Humbert. Mais une décharge de l'infanterie les accueillit et Craddock fut blessé à l'épaule. En même temps, Humbert, apprenant la conduite de Sarrazin, ordonnait l'attaque au pas de charge. Ses grenadiers se jetèrent sur les dragons, dont quelques-uns furent faits prisonniers et le reste tourna bride.

L'action devient aussitôt générale. Ne pouvant pas vaincre et ne voulant pas survivre à sa défaite, Humbert, l'épée à la main, se jette au milieu des ennemis et, sans l'intervention de son aide de camp Teeling, il serait tué par les dragons, revenus à la charge, qui l'ont jeté à bas de son cheval. Ses officiers, comprenant alors que toute résistance ne servirait qu'à faire tuer des hommes, ordonnent de cesser le feu et rendent leurs épées.

Malheureusement, le drame n'était pas fini. Le corps des Irlandais, n'espérant aucun quartier, continua de combattre avec la fureur du désespoir; le plus grand nombre périt sur le champ de bataille, et ceux qui déposèrent les armes furent envoyés plus tard à la potence.

Humbert, après sa reddition, fut conduit devant le général Lake. — Où est votre armée?

lui demanda l'Anglais. Et Humbert, désignant un petit groupe d'hommes et de chevaux rassemblés dans la vallée : « La voilà tout entière! » répondit-il. « Et que vous proposiez-vous de faire? » interrogea encore le général ennemi. — « Marcher sur Dublin, repartit Humbert, et briser les chaînes de ceux qui souffrent sous votre joug tyrannique! » Lake haussa les épaules en ajoutant : « Un pareil projet ne pouvait naître que dans la cervelle d'un Français! » Et il fit conduire Humbert auprès de lord Cornwallis à Saint-Johnstown.

Les Français étaient réduits au nombre de 844, dont 96 officiers, 748 hommes, avec 100 chevaux et 3 canons. Ils furent prisonniers sur parole et loyalement traités par l'Angleterre. Une convention ayant été signée avec le Directoire pour un échange de prisonniers, quelques semaines après la capitulation de Ballinamuck, tous furent ramenés en France.

Teeling et Matthew Tone, malgré les protestations de Humbert, furent conduits à Dublin et pendus.

Bien qu'avortée, cette glorieuse expédition

est la plus heureuse de toutes les invasions en Irlande tentées par la République Française. La première, celle du 16 décembre 1796, se composait de 43 navires et d'une armée de 15.000 hommes sous les ordres de Hoche et Grouchy ; mais *la Fraternité*, que montait le général Hoche, n'atteignit jamais l'Irlande : 35 navires seulement jetèrent l'ancre dans la baie de Bantry ; une tempête furieuse les dispersa pendant la nuit.

Quelques jours après la capitulation de Humbert, le 20 septembre 1798, une troisième expédition quitta Brest. Un grand bâtiment de ligne, *le Hoche* (74 canons), 8 frégates et un schooner, sous les ordres de l'amiral Bompard, transportaient 3.000 hommes et le général Hardy. La tempête balaya encore une fois la flotte, et le 10 octobre quatre navires seuls se montrèrent à l'entrée du lough Swilly. Entourés par une flotte anglaise considérable, ils furent contraints de se rendre après six heures de combat : le grand rebelle Wolfe Tone, qui se trouvait à bord du *Hoche*, fut fait prisonnier, conduit à Dublin et condamné à mort. Le 11 novembre, jour où devait avoir lieu son exécution, il s'ouvrit l'artère carotide avec un canif.

Après la capitulation de Ballinamuck, l'Irlande fut rapidement pacifiée. Trois ou quatre officiers français commandaient encore dans la partie du Connaught d'où les victoires de Humbert avaient chassé les Anglais. Ils s'efforcèrent d'empêcher les massacres des protestants et d'organiser un simulacre de résistance. Il y eut une seconde bataille de Castlebar et un dernier engagement à Killala. Le 24 septembre, un peu plus d'un mois après le débarquement des Français, l'autorité anglaise était rétablie partout en Irlande.

La carrière de Humbert continua, semblable à un roman de cape et d'épée. Il commanda en second l'expédition de Saint-Domingue contre Toussaint Louverture. On sait que l'armée, d'abord victorieuse, fut décimée par la fièvre jaune. Son chef Leclerc en mourut le 2 novembre 1802 dans les bras de sa femme Pauline Bonaparte. Humbert ramena le corps en France, et pendant la traversée une intrigue d'amour s'ébaucha entre lui et la sœur du Premier Consul. Il demanda à Bonaparte la main de sa sœur et fut aussitôt exilé en Bretagne ; quelque temps après, craignant même d'être jeté en prison, il s'embarqua pour les États-Unis.

Pendant les premières années de son séjour, la fortune extraordinaire de l'ancien marchand de peaux de lapins subit une éclipse. Mais la guerre de 1812 offrit un nouvel emploi de son activité ; il combattit du côté des Américains et se distingua dans le commandement d'un corps d'armée à la bataille de la Nouvelle-Orléans, le 8 janvier 1815. Il se battit encore comme général dans la guerre de l'Indépendance Mexicaine ; puis son histoire s'obscurcit de plus en plus. En février 1823, il meurt à la Nouvelle-Orléans, citoyen américain et gagnant modestement sa vie comme professeur de français et d'escrime.

Nous arrivons aux heures lumineuses du soir devant cette admirable baie de Clew, semée d'îlots aussi nombreux, au dire des Irlandais, que les jours de l'année. L'île de Clare ferme la passe et au nord s'étend la grande terre de l'île d'Achill où nous irons demain. Cette côte de granit, habitée par les Celtes, rappelle le Morbihan, et quelques-unes de ces îles portent au dos des dolmens, des menhirs, des cromlechs, toutes ces pierres sacrées qui furent presque des dieux. Au sud le Croagh Patrick se dresse comme un Sinaï au bord des flots : le 17 mars, jour de la Saint-Patrick, de nombreux pèlerins gravissent ses flancs et vont s'agenouiller à l'endroit où le Saint de l'Irlande précipita jadis dans la mer tous les reptiles du pays.

Une pluie d'orage, qui menaçait depuis plusieurs heures, se met à tomber lourdement comme nous entrons à Westport, petite ville proprette de 4.000 habitants, endormie au bord de sa rivière sous la double rangée de grands ormes qui ombragent son mail.

CHAPITRE IX

DANS LES DISTRICTS CONGESTIONNÉS

Depuis 1895, le chemin de fer Midland Great Western est prolongé jusqu'au détroit d'Achill et un pont tournant réunit la petite île à la grande, comme l'île d'Anglesey à l'Angleterre. Le train est, suivant l'habitude, bondé de touristes. Aujourd'hui trois prêtres ont organisé l'excursion. Par la fenêtre de mon wagon je les regarde curieusement : l'un fume des cigarettes de tabac d'Orient, les autres de petites pipes ; ils surveillent l'emballage d'un pudding monstre, puis s'occupent de caser toute leur bande dans les compartiments de seconde classe et finissent par s'installer avec moi en première. — Ce clergé d'Irlande, d'allures beaucoup plus libres que le nôtre, brille cependant par une grande dignité de sentiments et une chasteté rigoureuse. Il exerce sur le peuple, dont il est sorti, un véritable empire : il est à la tête des excursions et aussi des élections ; — on l'a bien vu lorsqu'il a pris parti contre Parnell.

D'ailleurs le paysan irlandais aime son Église catholique comme une maîtresse : c'est l'expression employée par le poète Thomas Moore. « Dans le chagrin et le danger, » le sourire de cette maîtresse réjouit son cœur, « plus sa fortune est sombre, plus son amour rayonne d'un vif éclat. » Esclave comme il était autrefois, le paysan avec elle pour guide se sentait libre. Elle avait une rivale qui portait sur le front une couronne d'or, tandis que la sienne était d'épines ; qui invitait le peuple à entrer dans ses temples somptueux tandis qu'Elle se cachait dans les cavernes : cette rivale était l'Eglise d'État élevée par l'autorité anglaise. Et pourtant l'Irlandais de Thomas Moore s'écrie : « Plutôt « que d'épouser celle que je n'aime pas ou de « ravir une pensée à ma maîtresse, j'aimerais « mieux que l'on me couche glacé dans la « terre. »

Même aujourd'hui que l'émancipation des catholiques est accomplie depuis 1829, que l'Église d'État est « désétablie » depuis 1869, il semble que les derniers vestiges de l'ancienne défaveur contre les catholiques n'aient pas entièrement disparu. Ainsi tout le gouvernement, qu'on appelle le Château en Irlande (the Castle), est composé de protestants : Lord Lieutenant, Lord Chancellor, Chief Secretary, Under Secretary, Attorney General, Commander of the Forces et Inspector General of Police. Or, les catholiques sont là-bas dans une proportion d'environ trois contre un. — Toutes les vieilles cathédrales catholiques, comme Saint-Patrick et Christchurch à Dublin, sont livrées au culte protestant. Et je fais remarquer que les Polonais à Varsovie n'ont pas été chassés ainsi de leur vieille cathédrale où sont érigées les statues de Sigismond, de Sobieski et de Malachowski. Que faut-il donc penser de la conduite de l'Angleterre, « la patrie de la liberté, » quand on la compare à celle de la Russie, « cette terre de la tyrannie » ?

J'ai nommé ailleurs quelques-uns des grands hommes d'Irlande : ils prouvent que, pour être né Irlandais, on n'est pas forcément inférieur à tout individu de la glorieuse race anglo-saxonne ! Aujourd'hui le commandement militaire dans tout le Royaume-Uni est, pour ainsi dire, monopolisé par les Irlandais : Wolseley, Roberts, White, Kitchner. Mais voyez ici la défiance envers les catholiques ; tous ces généraux sont des Irlandais protestants, et je ne sache pas qu'il y ait dans toute l'armée un seul général ou un seul amiral appartenant à la religion catholique. Au loin, dans les colonies, la concurrence est libre, et nous trouvons les Irlandais catholiques dans de hautes situations : sir Anthony Mac-Donnell, aux Indes ; sir C.-G. Duffy, au Cap ; J.-P. Hennessy, à Hong-Kong. Décidément le libéralisme anglais n'a pas dit son dernier mot.

Beaux pâturages, tourbières, rochers déchiquetés, villages en corniche et profondes baies où la mer mousse comme de l'ale : le train court à travers ces paysages que je voudrais parcourir à pied pour la joie des yeux et l'éveil sans fin de la pensée.

Au trot menu d'un mauvais cheval — chose rare en Irlande, — nous nous dirigeons vers Doogort et Slievemore. Le cocher m'apprend que la superficie de l'île d'Achill est de 36.000 acres, et la population au dernier recensement ne s'élevait qu'à 4.677 habitants. Mais la prolongation du chemin de fer jusqu'à Achill Sound, la récente création de belles routes et la construction de bons hôtels favoriseront le développement du commerce et de l'industrie et amèneront les touristes d'Angleterre, d'Amérique et de France.

Ce Far-West irlandais est un des coins d'Europe où demeure encore le plus de couleur locale. On y trouve une race forte et souple, de manières aisées, aux traits fins et beaux, qui chevauche gaillardement à travers le bog, deux ou trois sur la même bête. Les femmes sont vêtues de costumes aux couleurs voyantes ; je me rappelle surtout l'une d'elles, toute en rouge, une sorte de péplum rejeté sur l'épaule, debout sur une éminence du bog, inspectant les nuages tandis que les plis de sa jupe secouée par le vent claquaient comme un drapeau : la Meg

Merrilie de Walter Scott prédisant la tempête. — Plus souvent que dans le reste de l'Irlande, on fait ici les enterrements à l'ancienne mode, c'est-à-dire précédés de ces veillées mortuaires, ces lamenti qu'on nomme « wakes ». On pose sur une table le corps du défunt, soigneusement lavé, poudré de sel et couvert d'un linceul orné de rubans noirs pour les gens mariés, blancs pour les célibataires et de fleurs pour les enfants. Tout autour on allume des chandelles et on introduit les invités. Tandis que le whisky réchauffe les cœurs et aide à contempler la mort en face, une femme entre, mystérieuse et tragique, s'approche du cadavre et entonne l'*Irish wail.* C'est presque la même lamentation que Mérimée avait entendue dans les cabanes corses : déclamation furieuse, images poétiques, épithètes sonores plus ou moins rimées et rythmées et coupées par une sorte de gémissement musical transmis par la tradition depuis Ossian et les anciens Celtes. Au moment de la levée du corps le *wail* redouble de violence ; puis la procession s'en va par les rues et les chemins jusqu'au cimetière, s'arrêtant pour des prières devant les croix des carrefours, les chapelles ruinées et les lieux maudits. A Fethard, en Tiperary, on ne passe jamais sous la porte par laquelle Cromwell est entré dans la ville. Tout le long du chemin le paysan, plus respectueux qu'en Angleterre, salue la mort qui passe.

Au bord de la route que suit notre car s'élève la villa du Major Pike, entourée de quelques sapins, de bouleaux, de rhododendrons et de fuchsias : ce sont les seuls massifs de l'île. Ailleurs s'étend la monotonie du bog irlandais qui ondule en collines, et finalement, le long de la mer, se hausse en deux petites montagnes : le Slievemore et le Croaghaun (2.219 pieds). Le ruban de la route se déroule à perte de vue dans ce steppe tourbeux et de chaque côté de la voiture partent à tout moment des bécassines.

Quelques points habités dans ce désert : de petits villages comme Keel, Dooagh, Slievemore et Dugort. Ce dernier, le plus intéressant, est formé par une colonie protestante « plantée », en 1834, par le Révérend E. Nangle. Des maisons ouvrières bien alignées, une école, un orphelinat, une imprimerie pour « les tracts », brochures de propagande, et 160 protestants : tels sont les seuls résultats de 64 années d'efforts.

A quelques milles, dans les champs, une pauvre chapelle catholique regorge de fidèles. Plus loin encore, on aperçoit sur une ondulation de terrain la seconde Trappe d'Irlande, dont les moines pasteurs habitent au milieu d'un peuple plus agricole que maritime, qui ne songe qu'à cultiver sa terre au lieu de demander à la pêche côtière des ressources qui seraient des richesses. On ne trouverait pas dans toute l'île d'Achill vingt bateaux de pêche capables de tenir sérieusement la mer [1].

La marée, qui monte au galop sur une plage de sable d'or coupée de bandes d'herbe fine, ne nous permet de voir que de loin les cathédrales, cavernes de mille pieds de haut, sur lesquelles se sont brisés plusieurs vaisseaux de l'*Invincible Armada*. Et le vent qui fraîchit au large nous

[1] Toutefois il est juste de faire remarquer qu'il n'existe, dans l'île d'Achill, aucun port capable d'abriter un important bateau de pêche. Or des bateaux d'un certain tonnage seraient nécessaires pour que la pêche soit productive : les bancs de poissons ne se rencontrent qu'à une certaine distance de la côte.

empêche de visiter les cavernes des phoques :
une excursion de deux milles en bateau pendant laquelle on a de grandes chances de tirer
sur quelqu'un de ces animaux, nombreux dans
ces parages et superstitieusement épargnés par
les indigènes.

*
* *

Dans un landau que M. William O'Brien a
envoyé pour me chercher au Railway-Hotel,
je traverse le parc de lord Sligo. C'est près de
deux milles carrés de la forêt de Saint-Germain
placés entre les deux moitiés de Westport : la
ville et le port. Le noble propriétaire ouvre géné-
reusement son domaine à tout venant et les
habitants de la ville trouvent à l'extrémité de
leur grande rue, the Mall, un merveilleux jardin public.

J'arrive enfin à Mallow Cottage. Au pied du
perron se lève un homme blond de cheveux et

de barbe, avec des yeux très vifs cachés derrière
d'énormes verres de myope ; il m'accueille avec
un franc sourire, la main largement ouverte et
me présente à Mme O'Brien, la sœur de M. R***
bien connu à Paris. Et j'ai passé une de mes
plus délicieuses soirées d'Irlande dans cette salle
à manger de Mallow Cottage, éclairée par une
grande baie vitrée qui laissait voir la poussière
du soleil tomber sur les innombrables îlots de
Clew-Bay, et dans le petit salon meublé d'objets
d'art et de souvenirs de la vie du fougueux tribun. La conversation que j'écoute est pleine
d'esprit et de modération... et pourtant l'ancien
lieutenant de Parnell eut de célèbres violences
de langage dans les meetings monstres d'autrefois, où sa voix puissante se faisait entendre de
dix mille personnes qu'elle exaltait.

William O'Brien est né à Mallow, dans le
comté de Cork, le 2 octobre 1852. A 28 ans,
il devint l'un des principaux rédacteurs du
Freeman's Journal, qu'il abandonna, à la prière
de Parnell, pour fonder l'*United Ireland* (l'Irlande Unie) en août 1880. Pendant dix ans il
en demeura le rédacteur en chef et refusa de

toucher plus de la moitié de son traitement.

Deux mois après l'apparition de l'*United Ireland*, William O'Brien est arrêté avec 18 membres de la rédaction et le journal est supprimé. De sa prison, il continue cependant son œuvre et toutes les semaines des numéros paraissent secrètement à Cork, Belfast, Londres, Liverpool, Manchester et même Paris.

A la chute de Forster, en 1881, il sort de la prison de Kilmainham et son journal recommence ouvertement la lutte contre le Gouvernement. En 1882, il est accusé pour écrits séditieux ; mais le jury l'absout. De nouveau, en 1883 et 1884, divers fonctionnaires poursuivent l'*United Ireland* pour diffamation et demandent 250.000 francs de dommages-intérêts. William O'Brien est acquitté dans tous les cas, sauf un seul qui fut plaidé à Belfast devant un jury composé d'orangistes. Une souscription publique, pour payer les frais, produisit 200.000 francs : l'excédent de la somme fut distribué aux pauvres de Mallow, où William O'Brien avait été élu député trois ans auparavant.

De 1886 à 1890, il joua un des premiers rôles

dans la célèbre lutte contre l'Angleterre connue sous le nom de Plan de Campagne. Le mot d'ordre : *No rent*, « pas de fermage, » avait été répandu dans la campagne, la Ligue Agraire était devenue le principal pouvoir en Irlande ; les meetings révolutionnaires et les évictions sanglantes se multipliaient. Pendant cette époque troublée, William O'Brien passe deux ans en prison et ses appels à l'opinion réussissent à faire traiter les prisonniers politiques irlandais autrement que des criminels de droit commun !

Quand il est libre, que d'aventures, que d'épisodes dramatiques ! Un jour Dillon et William O'Brien sont arrêtés au moment où ils vont s'embarquer pour l'Amérique afin de réunir des fonds de secours pour les tenanciers évictés. Pendant leur procès, ils s'échappent et se jettent dans un petit bateau de pêche. Tout un jour la marée et les vents les ballottent à quelques centaines de mètres de la côte anglaise, et ils seraient sûrement pris sans un brouillard très dense qui ne s'enlève que pendant la nuit en même temps qu'un vent favorable les pousse vers Cherbourg. Ils atteignent la côte de France au moment où leurs provisions sont épuisées. De là ils partent pour les États-Unis, où un extraordinaire succès les accueille d'abord. En une seule nuit, dans un meeting à New-York, ils recueillent 8.500 livres (212.500 francs). Mais la nouvelle du divorce de Parnell ruine leur campagne.

Quelques mois plus tard, dans une entrevue à Boulogne, le grand leader irlandais offrit de démissionner en faveur de William O'Brien : celui-ci refusa un rôle qu'il jugeait appartenir à John Dillon. Puis Parnell, craignant le pouvoir et les attaques de T. Healy, résolut de garder sa position et de se défendre. On sait ce qui suivit : la mort rapide du grand chef à Brighton et sept années de misérables dissensions.

L'*United Ireland* disparut en 1890 et peu après un procès exclut William O'Brien du Parlement pour plusieurs années. Il y reviendra quelque jour : l'Irlande retrouvera un puissant défenseur et la France un ami.

Ce soir-là, à Mallow Cottage, dans une de ces conversations vives et touche-à-tout, propres aux Celtes et aux Latins, nous avons, M. William O'Brien et moi, résumé bien des idées, agité beaucoup de projets, et nous ne pûmes nous empêcher de revenir encore sur ce sujet difficile de la question agraire. Tous les remèdes que les législateurs ont essayés semblent rendre pitoyable la condition des propriétaires sans améliorer sérieusement celle des tenanciers. Je vais essayer de résumer ici, sans prendre parti, les doléances des landlords et celles des nationalistes.

Les premiers disent :

« Vous savez, Monsieur, que, depuis le bill de Gladstone en 1881, le revenu de presque toutes les fermes d'Irlande est fixé, tous les quinze ans par une sorte de tribunal agraire. Il est vrai que les domaines aménagés à l'anglaise, c'est-à-dire ceux où le propriétaire a construit à ses frais des bâtiments d'exploitation, créé des chemins, sont affranchis de cette tutelle légale : malheureusement le cas reste presque sans exemple en Irlande où les fermiers, nous le reconnaissons, n'ont reçu du landlord que la terre à peu près en friche. La loi prévoyait encore que des tenures nouvelles pourraient se constituer, et, tout en décidant que les fermages demeureraient fixes par périodes de quinze ans, elle ne les soumettait pas à l'arbitrage des sous-commissaires. Mais il y a très peu de tenures nouvelles, environ 6 ou 7 0/0 : les landlords qui ont *évicté* des fermiers ont transformé en pâturages les anciennes fermes, ils les administrent directement, c'est-à-dire qu'ils les louent pour onze mois, contrats de très courte durée pour lesquels ils ont conservé leur liberté d'agir. On peut donc dire que, dans presque toute l'Irlande, les propriétaires n'ont aucune influence pour régler le prix de leurs fermages.

Ils ne choisissent guère plus les fermiers eux-mêmes. L'immense majorité des exploitations rurales est louée à l'année, sans durée limitée, *from year to year*. Jadis, en droit strict, le propriétaire pouvait renvoyer son tenancier tous les ans ; il suffisait de lui adresser six mois d'avance une *notice to quit* ; mais, comme des abus pouvaient être commis, après de longues polémiques on accorda le *tenant right*. Le fermier ne peut plus être expulsé, évicté, comme nous disons, que s'il refuse absolument de payer son fermage, et il a droit de vendre (ou de léguer) à un tiers son *droit de fermier*. Il ne s'en fait pas faute dès que ses affaires vont mal, qu'il se voit contraint de changer de métier ou d'émigrer. Un nouveau fermier entre donc dans la métairie sans que le propriétaire puisse s'y opposer sérieusement. La loi de 1881 oblige bien le fermier à notifier à l'avance au landlord son intention de céder sa ferme, ce qui permet à celui-ci, en vertu d'une sorte de droit de préemption, d'acquérir la tenure mise en vente. Mais vous pensez bien qu'il est difficile de s'entendre avec le fermier sur le prix ; il faut recourir au juge, et en fait très peu de *tenants rights* sont ainsi rachetés[1]. Il est vrai aussi que l'agrément du landlord est nécessaire au nouveau tenancier, mais il ne peut être refusé sans motifs sérieux et soumis à l'appréciation des sous-commissaires. On peut donc formuler cette

[1] Le prix auquel le propriétaire peut racheter la tenure est fixé par les sous-commissaires au moment où ils règlent le montant du fermage. Il est, disent les Nationalistes, toujours très inférieur au prix que le fermier pourrait obtenir dans une vente aux enchères.

règle générale — règle de fer; — en Irlande, le propriétaire est sans pouvoir pour décider du montant de ses fermages et pour choisir ses fermiers.

M. E. Hervé a écrit : « Ce système est par- « faitement absurde, s'il n'est pas un achemi- « nement vers la dépossession complète des « propriétaires. C'est bien ainsi d'ailleurs que les « Irlandais le comprennent ; c'est bien avec cette « arrière-pensée qu'il a été combiné, adopté, « défendu par les chefs de l'agitation agraire. « M. Gladstone, au contraire, paraît croire que « le système des 3 F. [1] se suffit à lui-même, « qu'il constitue un règlement définitif de la « question. Nous craignons que ce ne soit une « illusion. On ne peut pas maintenir cette « copropriété, cette espèce d'indivision entre « les propriétaires et les fermiers, surtout « entre des propriétaires et des fermiers qui « s'exècrent. Il faut tout l'un ou tout l'autre. « Il faut que la terre soit tout à fait au landlord

---

[1] La paisible jouissance de la ferme pendant quinze ans, c'est la *Fixity of tenure;* le droit de faire régler le fermage par une commission, c'est la *Fair rent ;* le droit pour le fermier d'aliéner son intérêt dans la terre, c'est la *Free sale.*

« ou tout à fait au paysan ». En tous cas, il est évident que depuis quinze ans cette loi, modifiée à plusieurs reprises, n'a pas enrichi les fermiers ni affaibli leurs réclamations passionnées.

« Nous avons heureusement le droit de crier bien haut notre misère, » répondent, en effet, les Nationalistes, « et nous ne cesserons de nous plaindre que le jour où les Anglais ne se mêleront plus de nos affaires. Nous n'avons pas lieu de nous féliciter de leur long gouvernement, et, puisque nous ne pouvons trouver avec eux la prospérité ou simplement la tranquillité, nous demandons l'autonomie ; nous nous administrerons nous-mêmes comme le Canada, le Cap et l'Australie. Le *Home Rule...* mais, Monsieur, nous sommes assurés de l'obtenir un jour : laissons faire le temps.

« Vous venez de visiter la plus grande partie de l'Irlande et vous avez vu partout notre misère. Vous savez dans quelles cahutes vivent la plupart des cultivateurs: des murs de boue le plus souvent ; deux pièces, parfois une seule où les hommes vivent pêle-mêle avec les animaux qui sont surtout des cochons — *the gentlemen that pay the rent*, les messieurs qui paient le fermage, comme ils disent avec une gaieté touchante. — Un lit est du luxe ; souvent on le remplace par des caisses de bois remplies de paille ; pas de cheminée : un simple trou dans le toit ; et les croisées sont dépouillées de leurs vitres : quand il fait trop froid, on ferme avec des planches disjointes qui servent de contrevents. Encore, dans les comtés que vous avez parcourus, vous avez pu voir quelques fermes dignes de ce nom ; mais ici, en plein cœur des districts congestionnés (Congested Districts), vous ne trouverez plus guère que ces huttes misérables dans lesquelles nos paysans sont moins à l'abri des mauvaises saisons que dans les cavernes où habitaient les premiers hommes !

« Un district congestionné a été défini un espace de terre qui ne contient pas moins de 20 0/0 de la population de tout le comté dont il fait partie et où « l'évaluation moyenne [1] » par tête ne dépasse pas 30 shillings.

« Il faut vous expliquer, Monsieur, comment,

[1] Voir Note, p. 171.

sur certains points de notre chère Irlande, la population est aussi dense et l'argent aussi rare. Ouvrons le journal d'aujourd'hui : nous y voyons que lord Sligo — dont vous admiriez tant la générosité parce qu'il donne à tous la permission de traverser son parc — offre à louer pour onze mois deux mille cent acres d'excellents pâturages. Des Anglais ou, plus probablement, des Écossais vont conclure ce marché. Mais d'où viennent ces pâturages ? Ce sont d'anciennes fermes évictées il y a vingt ou trente ans, ou quarante ans, ou même à une date toute récente. Lorsque le jour de la tempête — c'est ainsi que dans toute l'Irlande on nomme le jour de l'échéance — est venu, on n'a pas fait grâce aux pauvres tenanciers incapables de payer et après les sommations d'usage on les a chassés de leurs maisons. Vous savez l'horreur de quelques-unes de ces scènes d'éviction : la population ameutée contre les troupes anglaises et dispersée par elles après de vraies batailles ; la porte de la maison enfoncée à coups de bélier, et des ouvriers, à la solde de nos ennemis, brisant les pauvres meubles et jetant bas les murs. Puis la nuit tombe ; le malheureux fermier reste dehors, sous la pluie, avec ses enfants en bas âge, sa femme enceinte, ses grands-parents malades ; il dit un dernier adieu à la maison bâtie par lui et d'où l'ont chassé les Anglais impitoyables. Et sachez, Monsieur, que, si de pareils faits sont plus rares aujourd'hui, il ne faut pas trop en faire remonter la cause aux récentes lois agraires, mais plutôt à la résignation des tenants qui ne résistent plus à la sommation de « quitter » et aussi aux innombrables évictions accomplies autrefois : on a tant évicté qu'il y a beaucoup moins d'évictions à faire ; l'ordre règne en Irlande ! »

A propos de la situation dans les districts congestionnés, lord M***, très au courant des affaires d'Irlande, m'a dit presque mot à mot : « Les gens qui employaient des ouvriers agricoles (labourers), c'est-à-dire les propriétaires, devenus pauvres à la suite de différentes lois agraires (1870, 1881, 1887, 1896), ont été obligés de restreindre ce genre de dépense. Et les fermiers incapables de payer des salaires ne travaillent guère que de leurs mains.

« Aussi, dans les plus pauvres districts, les ouvriers agricoles sont obligés d'aller en Angleterre ou en Écosse chercher le travail qu'autrefois ils trouvaient aisément dans leur propre pays[1]. Ils partent au commencement de juin. lorsqu'ils ont planté leurs pommes de terre et viennent faire la moisson dans la Grande-Bretagne. La crise agricole et le développement des machines ont fait baisser beaucoup les prix de la main-d'œuvre. Cependant, trois mois après, ils retournent dans le Donegall ou le comté de Mayo avec 8 à 12 livres d'économies et paient en moyenne 50 shillings de fermage. Ils paraissent très misérables, mais en réalité ne sont pas les plus à plaindre ; ils ont mis de l'argent de côté, leur nourriture est assurée et le feu ne leur manque jamais : dans presque toute l'Irlande, même dans les plus riches terres, il

---

[1] Je dois dire que cette déclaration de lord M*** est vivement combattue par les Nationalistes. Selon eux, les ouvriers agricoles de l'Ouest de l'Irlande, qui vont chaque année faire la moisson en Angleterre, sont moins nombreux depuis les récentes lois agraires. Quant aux ouvriers du Sud, qui ne se sont jamais livrés à cette sorte d'émigration annuelle, ils ont obtenu, par les « labourers acts », des maisons et, pour chacun d'eux, un demi-acre de terre qui ont considérablement amélioré leur situation.

suffit de creuser un peu le sol pour trouver de la tourbe. Croyez que dans la campagne anglaise le paysan n'a pas toujours du charbon[1] ! »

Ce langage optimiste exaspère les Nationalistes. D'abord ils font observer que les pauvres terres des Congested Districts ne nourrissent qu'un maigre bétail : surtout des moutons à la laine noircie par les pluies, qui, pour trouver leur pâture, errent jour et nuit à travers les flaques d'eau des tourbières. La principale ressource des malheureux tenanciers est la récolte des pommes de terre qui manque en moyenne tous les quatre ans ; et si des secours ne viennent pas du reste de l'Irlande, d'Angleterre et d'Amérique, la famine dépeuple le pays. Et puis il n'est pas bien juste, ajoutent-ils, d'accorder au propriétaire un fermage quelconque : les tenanciers ont été relégués dans des tourbières qui restaient absolument incultes avant qu'ils y aient élevé de pauvres maisons et défriché de

___

[1] Les Nationalistes répondent encore que les fermiers doivent payer une certaine somme supplémentaire pour avoir le droit d'extraire de la tourbe ; et ils prétendent que dans certaines parties de l'Irlande le charbon leur revient à meilleur marché.

petits champs. Quand une administration quelconque appelle des colons pour travailler une
terre vierge, elle ne leur demande aucun paiement, à plus forte raison aucun fermage ; les
lots offerts ont été jalonnés et numérotés, on
met les numéros dans un chapeau et l'on invite
le colon à tirer : c'est ce qui se passe en Algé-
rie, aux États-Unis, dans toutes les colonies
anglaises. La terre non défrichée n'a pas de
valeur : on ne demande rien au colon pour lui
permettre de la cultiver. Il en devrait être ainsi
en Irlande.

Pour remédier à cette situation malheureuse
le Gouvernement a institué récemment le Bureau des Districts Congestionnés (Congested Districts Board). Mais vous allez voir combien il
est difficile de guérir le paupérisme par des lois
ou des décrets. — On ne m'accusera pas ici
d'exagérer ou d'affaiblir la pensée de mes inter-
locuteurs : je vais traduire différents passages
d'un livre de M. Lough, député nationaliste et
auteur de *England's Vealth, Ireland's Poverty*
(Richesse d'Angleterre, pauvreté d'Irlande [1]).

[1] Publié en 1897.

« Le Bureau des Districts Congestionnés fonc-
« tionne depuis quatre ou cinq ans dans l'ouest
« de l'Irlande. Le champ de ses opérations
« s'étend sur un sixième de toute notre île et
« comprend environ cent mille familles com-
« posées de cinq personnes et demie en moyenne.
« La Poor Law Valuation[1] est de 25 fr. 20 par
« tête. De plus, quelques-unes des plus pauvres
« localités ne sont pas secourues parce qu'elles
« ne peuvent pas être comprises dans les Dis-
« tricts Congestionnés à moins d'avoir une

[1] « The Poor Law Valuation » est l'évaluation des immeubles faite pour l'imposition des taxes locales. Ces taxes servent à *l'assistance des pauvres*, à l'entretien de la voirie et à une partie des dépenses de l'Instruction publique, de la Police et de la Justice. Le nom de « Poor Law Valuation » n'est donc justifié que partiellement. Aux environs de Londres, l'évaluation des immeubles pour les taxes locales s'élève à environ les 3/4 ou les 4/5 du « rackrent » ou « loyer maximum qui puisse loyalement être demandé ». — Lorsque l'évaluation est terminée, elle a pour corollaire un impôt : « the Poor Rate », la taxe des pauvres, ou plutôt la taxe locale, puisque les pauvres n'en reçoivent directement qu'une faible partie. Cette taxe est payée par le locataire.

Voici un exemple du mécanisme de cet impôt : Un homme a loué une maison à Londres moyennant un loyer de 50 livres par an : la « Poor Law Valuation » est peut-être de 40 livres et le « Poor Rate » est vraisemblablement de 10, 12 et dans certains quartiers de 15 livres par an. Dans quelques Congested Districts (car la chose existe à Londres, si le nom y est inconnu) la taxe des pauvres peut même dépasser ce chiffre.

« population égale à 20 0/0 de la population
« totale du comté et une « valuation » moyenne
« inférieure à 37 fr. 50 par tête. Le revenu
« total du Bureau lui permet de dépenser
« 10 francs par an pour chaque famille des Dis-
« tricts.

« La plus grande partie des fonds est four-
« nie par ce qu'on a laissé subsister des an-
« ciennes dîmes locales dans ces districts. Cet
« argent ne revient pas où il a été perçu. De
« cette façon ces localités, pauvres elles-mêmes,
« subissent plus de tort que les autres ne reçoivent
« de secours. Cette distribution de fonds encou-
« rage la mendicité, et ce secours artificiel, venu
« du dehors, rend, dans ces districts, le pro-
« grès impossible suivant les règles d'une saine
« économie politique. On a adopté cette ma-
« nière de faire, bien qu'il saute aux yeux que
« toute la misère des Districts Congestionnés
« vient des taxes trop élevées qui frappent les
« objets de première nécessité, des fermages
« trop lourds et de l'exclusion du peuple de ces
« terres fertiles qui existent en abondance au-
« tour de lui Le Bureau ne peut remédier à de

« pareils maux, et déjà il sent si vivement l'inu-
« tilité de ses efforts qu'il a voté à l'unanimité
« une demande de nouveaux crédits. Il ne sera
« pas aisé d'y satisfaire ; encore et toujours de
« nouveaux fonds seront nécessaires si l'on per-
« siste dans cette méthode de substituer la cha-
« rité à un bon gouvernement; et dans un
« délai très court, toute l'Irlande deviendra un
« seul District Congestionné. »

Sir James Caird a déclaré en 1886 que le mal
était sans remède et un de mes amis m'a dit,
en haussant les épaules, au moment où je quit-
tais Paris : « Que voulez-vous ? partout on a
renoncé à vouloir guérir le paupérisme ; pourquoi persister à remédier au paupérisme agraire
de l'Irlande ? »

Le gouvernement anglais prend du moins le
soin de se renseigner impartialement. En 1896,
la Commission officielle, chargée d'une enquête
sur la comparaison des Finances de la Grande-
Bretagne et de l'Irlande, a publié son rapport : il
est très favorable aux Irlandais; c'est là un
fait important dont il devra être tenu compte.

A la fin de cette même année 1896, le Recess

Committee, présidé par Hon. Horace Plunkett et composé d'hommes considérables comme lord Mayo, John Redmond..., a terminé son consciencieux et remarquable travail sur la création en Irlande d'un ministère spécial de l'Industrie et de l'Agriculture.

Il faut donc espérer que les Anglais chercheront aux maux de l'Ile Sœur un remède moins radical que l'émigration en masse. Jusqu'ici ils se sont montrés assez partisans de cette solution du problème! Le Parlement a voté maintes fois des sommes considérables pour faciliter l'émigration, et le *Land Purchase Act* de 1891 accordait 37 fr. 50 à chaque émigrant!

La situation de la malheureuse Érin a inspiré, en 1862, à Mgr Perraud les lignes suivantes qu'il pourrait encore écrire aujourd'hui :

« Que par la nature particulière de son sol et de son climat l'Irlande soit destinée à avoir proportionnellement plus de prairies que de terres à blé, et à cause de cela appelée à s'enrichir par le nombre et l'excellente qualité de son bétail, c'est un fait où nous pouvons être facilement d'accord.

« En faut-il nécessairement conclure que la prédominance des pâturages, des bœufs et des moutons, sur les terres labourées et sur les hommes qui gagnent leur vie par ce travail sera légitimement poussée à ce point que, pour faire place aux Durham et aux Dishley, les hommes devront, par centaines de mille, abandonner le sol natal et aller chercher au-delà des mers une nouvelle patrie ?

« Cela est-il juste ? cela est-il humain ? et quand même les lois de l'économie politique sembleraient en faire une nécessité, ce que nous ne saurions admettre, quel homme d'intelligence et de cœur ne protesterait de toutes ses forces contre une nécessité de cette sorte, et ne répéterait avec une indomptable conviction ce vieil axiome de l'honneur chrétien : *Pereat mundus, fiat justitia;* périssent s'il le faut la richesse, le bien-être, la prospérité matérielle, surtout s'il ne s'agit que de la prospérité de quelques-uns aux dépens du malheur et de la ruine d'un grand nombre d'autres: oui, périssent toutes ces choses plutôt que la justice, que l'humanité et que l'honneur ! »

. . . .

. . . .

William O'Brien, abrité derrière son lorgnon, me dit tout à coup : « Tenez, on vous a raconté beaucoup de faits curieux et d'histoires terribles qui caractériseront plus tard notre époque de transition et surtout celle du Plan de Campagne ; en voici une dont j'ai déjà parlé en 1892 dans la Presse et au Parlement et qui intéresserait peut-être en France. »

Et me prenant par la main, il me mena devant la grande baie vitrée de la salle à manger, puis il montra à l'horizon au milieu de Clew-Bay la petite île de Clare dont les falaises semblaient des tours bâties au milieu des flots, toutes dorées par le soleil couchant.

« Ceci est l'ancien royaume de Grace O'Malley, » dit-il, « cette princesse irlandaise qui, étant allée à Hampton Court visiter la grande Élisabeth, refusa le titre de comtesse en déclarant qu'elle était elle-même une reine et l'égale de la reine d'Angleterre. Elle était bien un peu pirate par surcroît ; malheur à qui se brisait sur ses rochers : vaisseau de l'*Invincible Armada*, bateau chargé de vin d'Espagne à destination de Galway, ou cargaison de drap appartenant à un marchand de Bristol. C'étaient là les beaux jours de *Clare Island!*

« Cette île fut achetée, après la Grande Famine, par un marchand de biens qui espérait la vendre au Gouvernement pour en faire un pénitencier de forçats. Le marché ne fut pas conclu et le spéculateur, au lieu de chasser tous les habitants comme il se le proposait d'abord, se borna à tripler leurs fermages. Les descendants de Grace O'Malley vécurent ainsi tantôt dans la misère, tantôt dans la famine, jusqu'à ce qu'en l'année 91ᵉ du bienheureux Pacte d'Union les inspecteurs de M. Balfour rapportassent qu'il n'y avait plus dans Clare Island ni nourriture, ni moyen d'en acheter, et qu'il fallait nourrir les habitants aux frais de l'État ou bien les voir mourir de faim. Miss Balfour et lady Zetland apportèrent de l'argent et on construisit une route qui coûta 813 livres. Si la politique anglaise doit nécessairement produire des famines périodiques, n'est-il pas juste qu'elle les combatte par des secours gouvernementaux !

« Mais à peine les fonds étaient-ils distribués
que l'Agent du propriétaire débarqua dans l'île
avec une troupe de gendarmes, et, afin de se
payer de l'arriéré des fermages, chercha à s'em-
parer des secours que John Bull venait d'envoyer. Les pauvres paysans refusèrent de s'exé-
cuter et furent aussitôt traduits, les uns devant
le Tribunal de Coercion — on était encore sous
le régime du Coercion Act, — les autres devant
le Tribunal d'Éviction. Il y avait 622 habitants
dans l'île : 80 furent condamnés en Coercion
Court et 19 familles furent « évictées ».

« Or, tandis que la pauvre île de Clare ago-
nisait ainsi, la nature avait mis à portée de fusil
de ses habitants assez de richesses pour payer
cinquante fois les quelques centaines de livres
dues au propriétaire. Vingt-deux bateaux de
pêche jetaient l'ancre dans Clew-Bay et empor-
taient les tonnes de turbots, de soles, de maque-
reaux ; — bateaux de pêche venus d'Écosse,
d'Angleterre, de l'île de Man et même de France ;
pas un seul sorti d'un port d'Irlande. Le gouvernement du Château de Dublin ne s'était
jamais avisé qu'au lieu de tracer des routes inu-

tiles il aurait mieux valu faire construire des bateaux solides pour nos pêcheurs incapables de supporter cette dépense. « Le long de cette froide côte ouest, » disait-on, « il n'y a pas assez de poisson pour payer seulement les hameçons et les canots dont se servent les indigènes ! » Et le Vendredi saint de cette année, le curé de Clare, M. Molloy, demanda son dîner à la générosité de pêcheurs français qui avaient jeté l'ancre dans la baie !

« Depuis, l'appel que je fis à l'opinion publique anglaise arrêta les évictions, l'île fut achetée par le Bureau des Districts Congestionnés, qui la partagea en fermes dont les tenanciers deviennent propriétaires moyennant le paiement de certaines annuités. »

Une heure après, dans une chambre du Railway Hotel, je regardais par ma fenêtre ouverte briller le baudrier d'Orion, les Trois Rois comme l'appellent, dans nos campagnes, les broyeurs de chanvre qui se lèvent en même temps qu'eux l'hiver. Mais mon âme n'était pas disposée à la poésie ce soir-là, et, malgré moi, je rapprochais

des conversations tenues chez M. O'Brien les
paroles que, avant de quitter Paris, m'avait dites
M. R*** ;

    « Vous allez en Irlande ! eh bien! vous verrez
« quelle impression de confusion, de conflit et
« de contradiction vous en rapporterez. Voici la
« philosophie d'un voyage que j'ai fait là-bas :
« de quelque terme que l'on se serve — pro-
« vidence, force des choses, — la « rétribution »,
« c'est-à-dire la pénalité des fautes, éclate tou
« jours et les générations à venir paient sou-
« vent celles que nous avons commises.

    « L'Irlande actuelle peut fournir le thème le
« plus éloquent à une démonstration de ce
« genre. On expliquerait comment les cruautés
« anglaises dans le passé ont maintenu et for-
« tifié le sentiment national des Irlandais et fait
« des deux îles britanniques des sœurs enne-
« mies ; comment, en ruinant à leur profit tout
« commerce et toute industrie dans l'île d'Éme-
« raude, les Anglais ont étendu partout la plaie
« d'un paupérisme presque irrémédiable. Et en
« pénétrant dans les détails on ferait voir l'abus
« des lois d'exception, des lois temporaires,

« des concessions anti-économiques. On a tou-
« jours méconnu une vérité fondamentale, c'est
« qu'il est dangereux d'intervenir entre les par-
« ticuliers pour réglementer les conditions des
« conventions conclues entre eux : une fois dans
« cette voie, on ne s'arrête pas, il n'y a pas de
« fin. Et cette intervention de l'État a faussé
« les conditions du problème, empêché la sur-
« vie des plus aptes (*survival of the fittest*) et la
« disparition de l'*unfit*. C'est de cet ensemble
« de fautes que l'Angleterre porte aujourd'hui
« la peine. »

CHAPITRE X

A TRAVERS L'IRLANDE

Un long voyage en chemin de fer pendant toute la journée. Peu de trains rapides en Irlande entre des villes si rapprochées ; et, comme dans les gares on a économisé les chevaux et les machines, on fait faire les manœuvres par les trains de voyageurs qui passent. A Athlone, à Mullingar, à Cavan, à Clones, nous avons perdu chaque fois plus d'une demi-heure à tamponner des trains, à remiser des wagons.

Nous pouvons à loisir nous remplir les yeux du paysage. L'Irlande, comme on sait, est plus élevée sur son pourtour que vers le centre. En quittant les côtes hérissées de collines et de petites montagnes, nous descendons dans une plaine basse indéfiniment verte, criblée de lacs et d'étangs et semée de tourbières. Peu de maisons isolées, mais des villages d'où le paysan part cultiver ses champs, quelquefois très éloignés. Sauf quelques rares arbres fruitiers, un pays rasé, légèrement vallonné, dans lequel Cromwell disait : « Pas seulement un arbre pour y pendre un homme ! » Çà et là de larges coupures dans le sol d'où les paysans extraient par petits cubes marrons la tourbe qu'ils font sécher à l'air ; dans le fond des entailles, l'eau qui sature ce sol spongieux miroite au soleil : le bog couvre ainsi un dixième de l'Irlande, et c'est une vraie richesse, car il remplace le bois de chauffage et le charbon. Beaucoup de champs semblent bien cultivés : de l'avoine, de l'orge, du seigle, des pois, des pommes de terre et des navets. Les statistiques accusent une production de blé en Irlande d'une valeur de 10.000 francs par an : peut-être cette culture couvre-t-elle quelques centaines d'acres en Ulster, mais depuis deux mois je n'ai pas vu un épi et tous m'ont dit qu'elle était complètement abandonnée. C'est une des conséquences du libre-échange. Puis voici d'immenses pâturages : l'herbe est fine et drue,

l'acre se loue depuis 5 shillings (6 fr. 25 les
40 ares) jusqu'à une livre sterling. On dit qu'un
fermier peut élever trois à cinq moutons par
acre et que chaque mouton vaut de 40 à 50 shillings (50 fr. à 62 fr. 50). Les prix me paraissent
élevés, mais à quoi bon discuter des chiffres
puisqu'ils varient suivant qu'on parle à des
propriétaires, des agents, des cochers ou des
fermiers. De nombreuses barges de foin dans
les prés : les vents les ont découronnées par
endroits, elles ont une couleur noire qui prouve
qu'elles devraient être depuis longtemps ren-
trées dans la ferme. Et je retrouve mon impression des premiers jours : Paddy est paresseux. —
Il est vrai que depuis des siècles tous les bénéfices de son travail ont profité aux propriétaires
anglais qui augmentaient les fermages à chaque
amélioration du sol et il s'est découragé de
travailler. Fallait-il donc en arriver à la création de tribunaux agraires? On tourne toujours
dans le même cercle et l'on s'arrête au doute. —
De chaque côté du train d'innombrables vols de
corbeaux assombrissent tout le pays : la plupart
sont de petites corneilles d'un noir gris et d'une

extrême méchanceté ; elles se battent continuel-
lement comme les politiciens de ce pays.

Un glorieux soleil de juillet, tombé sur la verdure profonde des paysages, fait resplendir toute
l'île d'Émeraude. Certes, en arrivant, j'ai été saisi
et émerveillé par le pittoresque ; mais aujourd'hui
je me sens pénétré par un charme mystérieux,
attendri par la beauté de cette Ultima Thulé, cette
oasis si verte et doucement voilée de brumes,
cette grande terre à l'ouest de l'Europe qui
terminait le monde latin. La race des Celtes, nos
ancêtres, s'y est conservée plus pure qu'ailleurs ;
leurs gracieuses superstitions — les Banshees
ou dames blanches qui annoncent la mort, le
Gonconer, l'enjôleur de bergères, et le Dul-
lahan, fantôme sans tête, — glissent et dansent au
bord des eaux transparentes et noires des fleuves
et des lacs, sur les falaises escarpées et les îles
sauvages où piaulent et sifflent dans le vent les
mouettes et les goélands. Et, plus doux que la
verdure caressante pour les yeux, plus pénétrant que la poésie des imaginations celtiques,
le charme ineffable des malheureux se lève de
cette pauvre terre déchirée par les guerres, les

famines et la politique et envahit toute l'âme. Peut-être qu'un Français « né malin » voit tout d'abord les défauts d'autrui ; mais aidé par le cœur il comprend bientôt la grandeur et le charme des autres peuples, qui tous ont leur grandeur et leur charme, et il est plus prompt qu'un autre à leur rendre justice. Lorsque ce peuple est un ami malheureux, le vieux chevalier errant qui dort en nous ne prend plus les armes, car il sait les défauts de sa cuirasse, mais il s'émeut au dedans de lui-même comme autrefois !

Je fais un rêve qui ne se réalisera jamais, comme presque tous les rêves. Je voudrais être propriétaire en Irlande dans l'intérieur, au bord de quelque bog roussâtre, ou dans une crique écartée de la côte ouest. Cette maison que je vois par la portière de mon wagon, là-bas, à mi-côte, verdie par les pluies et par le lierre ou la vigne vierge qui escaladent les fenêtres... elle m'appartient, n'est-ce pas ? Voilà mon petit parc qui se déroule avec ses allées bien sablées, : es massifs de rhododendrons et de fuchsias, les troupeaux de lapins qui fuient, et le petit lac où je plante ma hutte l'hiver pour chasser les canards qui viennent du nord par grandes bandes triangulaires. Autour de la maison s'étendent cent cinquante à deux cents hectares ; deux ou trois paysans français que j'ai amenés avec moi les cultivent à la mode de mon pays ; je leur ai bâti des habitations, avancé des capitaux et nous partageons les fruits par moitié. Tous les mois je vais à la foire de Mullingar et il faut m'entendre crier : « Eh bien ! Mr. Marc Carthy, combien pour cette génisse ? pure race mancelle, vous savez ; meilleure que les *Kerry cows* ? »

Mais qui donc m'a vendu ce petit domaine ? Deux cents hectares... ce n'est pas grand en Irlande. Les deux tiers de l'Ile Verte appartiennent à 1.900 propriétaires et généralement les domaines s'étendent sur des milliers d'acres. Pourtant on trouve quelques *freeholds* (terres libres) et parfois de grandes propriétés se morcellent. J'ai dû profiter de l'une de ces occasions. Elles sont plus fréquentes depuis quelques années et il se créera peut-être une aristocratie irlandaise qui, aujourd'hui, manque complètement dans la campagne. Mon seul voisin est un grand propriétaire anglais qui possède

20.000 acres et n'a jamais visité son domaine depuis qu'il en a hérité, il y a vingt-cinq ans. De temps en temps, *Father* O'Brien, P. P., le digne curé de la paroisse, vient me quêter pour son église, et j'arrête parfois mon car chez M. Micks, le médecin, qui a remplacé M. Gargan envoyé, aux dernières élections, siéger à Westminster. Quelques avocats, des journalistes et de petits médecins de campagne composent le parti irlandais dans la Chambre des Communes. Sauf les « leaders », ce sont de « petites gens », dont les Anglais plaisantent sans cesse les chapeaux hauts de forme et les redingotes démodées.

En rêvassant de la sorte, je suis arrivé à Enniskillen, petite ville de 5.000 habitants, bâtie, comme Interlaken en Suisse, entre deux lacs : le lough Erne supérieur et le lough Erne inférieur. Nous entrons dans la province d'Ulster, la plus riche des quatre provinces d'Irlande et d'où les habitants, presque complètement chassés au xvii° siècle, ont été remplacés par des Écossais et des Anglais. On voit déjà à Enniskillen la mêlée des races : le Celte aux yeux bleus, intelligent et serviable,

gouailleur et familier, tranche nettement sur
l'Anglo-Saxon plus épais de corps et plus
guindé. Depuis des siècles, les deux peuples se
heurtent ainsi, presque sans se mêler : lequel
est d'un métal plus dur, lequel résiste le mieux
et assimile l'autre ? la victoire reste indécise.
Pourtant la race celtique paraît l'emporter. Il y
a près de deux millions d'Irlandais établis en
Angleterre, et tous ceux qui ont vécu quelques
années de l'autre côté du détroit savent les
reconnaître à première vue à leur physionomie,
leur allure, sans même leur parler, et les deviner
par leur célèbre accent : *le brogue*. S'ils ont
acheté leur mobilier chez Maple, et pris leurs
vêtements dans *Old Bond Street*, leur conquête
par l'Angleterre s'arrête généralement à ces
signes purement extérieurs : très vite leur commerce révèle une âme toute différente de celle
des Anglais. Au contraire, on trouve en Irlande,
en dehors de la province d'Ulster où les Anglais
sont groupés, de nombreux exemples d'assimi-
lation du Saxon par le Celte ; dans le Leinster,
le Munster et le Connaught j'ai rencontré des
familles entières qui avaient pris toutes les

manières des Irlandais y compris leurs préjugés
et leurs opinions politiques, et l'on pourrait citer
parmi les membres du parti nationaliste des
centaines de noms anglais : Field, Gonne, Taylor,
Oldham [1]...

Après un dîner à l'*Imperial Hotel*, nous
montons par une pente très raide et un long
escalier de pierre au délicieux jardin public qui
semble couronner la ville de verdure et de fleurs.
Au pied d'une haute statue, élevée à je ne sais
plus quelle gloire locale, nous nous arrêtons pour
regarder Enniskillen, presque entourée d'eau
comme Tolède dans la boucle du Tage ; au
loin on croit voir six lacs, mais c'est le seul lough
Erne qui ondule entre les collines. Une paix
infinie s'étend sur toutes choses : toujours ce
profond silence d'Irlande qui m'a tant de fois
impressionné. A la pointe du tertre deux vieux
rentiers sont assis sur un banc auprès d'un
canon d'ancien modèle, trophée de quelque
bataille ; au-dessous de nous, à mi-côte, des
corbeilles de lilas de terre, de pivoines et de

---

[1] Je ne nomme pas Parnell, qui avait conservé beaucoup
du caractère anglais.

gueules-de-loup au milieu desquelles sur un autre banc une vieille fille, que je me plais à croire romanesque, lit quelque récit d'aventures : chevaux qu'on crève à toutes les pages, postillons qu'on tue à tous les relais, amours tragiques, amantes qu'on enlève sur les grandes routes ou qui s'évanouissent dans.des pavillons solitaires.

Enniskillen, *sweet Enniskillen*, endormie au bord de tes lacs, où tout le monde se connaît, où l'on doit voisiner le soir et bavarder sur ce que font les deux clans de la ville : protestants et catholiques, Anglais et Irlandais, petite ville de province que Balzac aurait aimé décrire et où j'aurais voulu demeurer plus longtemps, je n'oublierai pas ta silhouette aperçue un soir et tout de suite aimée. Il y a certains paysages, certains lieux qui plaisent à première vue, par un charme inexpliqué, par une harmonie secrète entre leurs contours et l'état de l'âme, comme il y a certaines femmes que l'on croise dans la rue et dont l'image vous pénètre soudain avec la puissance d'un poison...

En redescendant vers la ville, nous rencon-

trons une procession de l'Armée du Salut qui
mène un assourdissant tapage de grosses caisses
et de clairons : décidément nous nous rappro-
chons de l'Angleterre.

CHAPITRE XI

LE LOUGH ERNE. — LONDONDERRY

LA CHAUSSÉE DES GÉANTS

Toute la matinée nous avons navigué sur le lac Erne, qu'un joli bateau à vapeur traverse dans toute sa longueur entre Enniskillen et Castlecaldwell. En largeur les rives sont si rapprochées qu'on se croirait sur un grand fleuve. Voici des collines boisées d'où sort la tour d'un vieux donjon ruiné : ne sommes-nous pas sur le Rhin ? Mais non, nous longeons l'île de Devenish, que surmontent une tour ronde et les murs écroulés d'une abbaye ; c'est bien l'Irlande, la terre des ruines !

Les roues du bateau font bouillonner et mousser comme du *stout* l'eau de ce lac qui me paraît la plus noire que j'aie encore vue. C'est,

dit-on, l'humus des bruyères qui la teinte
ainsi. — De curieux petits îlots : l'un d'eux prend
la forme d'un chéchia vert à fleur d'eau, un
autre semble un gros bonnet phrygien qui flotte
au gré des vagues ; plus loin, un rocher blanc
comme un minaret : il est couvert de milliers
de mouettes que le sifflet du bateau fait s'envoler, pareils à de gros flocons de neige.

*

Londonderry. — Un des plus grands ports du
Nord, un des plus vieux boulevards du protes-
tantisme, et, par un siège de cent cinq jours soutenu contre Jacques II, aussi célèbre que la
catholique Limerick. Rues anglaises, maisons
anglaises ; aux devantures des boutiques beaucoup de noms anglais et écossais ; tout autour de
la ville un pays riche et une population prospère et travailleuse. Le beau port sur le lough
Foyle est rempli de gros bateaux qui balancent

doucement leurs masses sombres sur lesquelles glissent les rayons bleus des globes électriques et de la lune. Toute la vie nocturne des ports endormis bruit dans l'ombre : un matelot ivre trébuche parmi de grosses caisses, un douanier fait sa ronde, un chat miaule sur le pont d'un navire, des rats énormes sortent des égouts, trottent sur le granit des quais, se faufilent à fond de cale, et on entend sans cesse le clapotis des petites vagues bleues...

Entre Portrush et la Chaussée des Géants le trajet ne se fait plus par le tramway électrique, qui, actionné par le courant de la rivière Bush, transportait les touristes sans fumée, sans secousse, sans autre bruit que le crépitement des étincelles violettes. Comme on suivait longtemps la grande route qui longe la mer, de nombreux accidents se produisaient ; enfin, en 1896, un bicycliste fut tué par une décharge et le train fut condamné. Une locomotive à pétrole, traînant de petits wagons confortables et bien fermés, nous emmène sur la crête des falaises à pic, creusées de cavernes.

Sur un rocher qui forme une petite île à vingt pieds du rivage s'élève le vieux donjon de Dunluce, forteresse réputée imprenable, mais que la trahison livra plusieurs fois, aujourd'hui en ruines, démantelée par le temps, éternel vainqueur. La maçonnerie solide, bâtie pendant les premières années du xvi° siècle, couvre entièrement le rocher avec lequel ses assises se confondent et qu'elle semble prolonger en hautes tours et en murailles crénelées. En 1630, la marquise de Buckingham donnait une fête au château : pendant que les jolies femmes dans leurs corsages chatoyants de satin, la mouche assassine au coin de l'œil, minaudaient au milieu des perruques bouclées, des habits brochés, des gilets d'or, un orage terrible éclata et la mer s'enfla comme pour culbuter et rouler dans ses vagues le rocher et le château. Soudain la vieille demeure trembla, un vent furieux s'engouffra dans les corridors et fit vaciller les flammes des lustres dans les hautes salles : toute la partie bâtie au nord sur une caverne venait de s'écrouler dans les flots ; huit serviteurs étaient noyés.

Cette côte d'Antrim (en gaélique : le pays des Cavernes) doit être le paradis des géologues. A chaque pas on nous offre des boîtes de minéraux et de fossiles : des cristallisations que les indigènes nomment aiguilles de mer, du jaspe ; des ammonites, des oursins. Comme la mer est houleuse, nous ne pouvons visiter que la grotte de Dunkerry, la plus belle, nous dit-on, et où l'on peut pénétrer par terre en se glissant par une étroite ouverture, due probablement à l'industrie des guides. Jamais je n'ai mieux senti l'harmonie du mot anglais *roaring — the roaring waves* [1] ; — la mer s'engouffrait brutalement, bouchant tout à fait l'orifice lointain de la longue caverne, puis elle se retirait avec un bruit de gigantesque crécelle. Si le géant Finn Mac-Coul, seigneur de ces pays aux temps préhistoriques, avait appuyé son oreille à l'entrée de la grotte, il aurait entendu, mais grossi

[1] Les vagues mugissantes.

comme une tempête, ce son grave que les enfants croient enfermé dans les coquillages. Et je
me rappelais les rêves naïfs qui suivirent mes
premières lectures des Robinsons : des grottes
immenses, noires et ruisselantes, où mugit la
mer, d'où s'envolent des oiseaux et où se réfu-
gient des naufragés.

A la sortie de la caverne de Dunkerry commence le merveilleux morceau de côte basal-
tique, long de plus d'une lieue, connu sous le
nom de Chaussée des Géants. Le terrain s'élève
en pente douce jusqu'à l'extrémité du petit
Amphithéâtre où un spectacle prodigieux emplit
l'âme d'une sorte d'angoisse. A cent mètres au-
dessous de soi une crique, formant un demi-
cercle parfait, est entièrement tapissée de colonnes de basalte, cristallisées en forme de
prismes, tantôt groupées comme des tuyaux
d'orgue, tantôt isolées et fragiles dans l'air
comme des clochetons de cathédrales. Tout au
bas un filon de terre d'ocre détrempée par les
vagues fait le long du rocher une longue bande
rouge sur la mer; on dirait du sang des géants
d'Irlande.

La vue embrasse le Grand Amphithéâtre, puis ce promontoire de basalte, la véritable Chaussée des Géants, qui s'avance vers l'Écosse ; le port de la Vache ; l'entrée de la caverne de Dunkerry, et tout à l'horizon, par ce beau ciel bleu, Portrush, l'embouchure du lough Foyle, au fond duquel se cache Londonderry. A la droite, sur la côte écossaise, s'élève Staffa, cet autre amas de colonnes basaltiques dans lesquelles est creusée la grotte de Fingal, construite elle aussi par les géants pour servir de portique à la prodigieuse Chaussée, grande route aujourd'hui rompue, qui les menait d'Érin en Calédonie.

Par des sentiers de chèvres nous descendons au ras des flots et nous escaladons la Chaussée des Géants. Ces colonnades debout dans les vagues sont polies, ébréchées, sans avoir perdu leurs arêtes de prismes sous l'effort des vents, des pluies et des marées depuis des milliers d'hivers. Elles s'avancent comme une jetée, comme un brise-lames formidable qui, bien lavé et reluisant au soleil, ressemble à du diamant noir. Il y a dessus ce lichen jaune, cette mousse des rochers qui met des siècles à pousser et jette, par plaques, ses tons dorés. Et les grandes lames venues des mers septentrionales, du pays des icebergs et des banquises, des aurores boréales et des soleils verts s'élancent et retombent en écume furieuse comme elles font depuis toujours.

*
* *

Deux souvenirs me restent encore de la côte d'Antrim. D'abord Carrick-a-rede : un rocher qui forme un petit îlot séparé par trente mètres de la grande terre à laquelle il est réuni par un pont de cordes. Devant moi un guide le traverse : il est balancé par le vent comme dans une escarpolette et la flexibilité des cordages le fait rebondir comme s'il mettait à chaque pas le pied sur un ressort. Arrivé de l'autre côté, il s'assied sur cette échelle de cordes et par son poids en diminue les oscillations. Je me risque à sa suite ; au milieu de la route je m'arrête et je regarde à mes pieds : à cinquante mètres au dessous, la mer, plus bleue que les saphirs, bouillonne dans l'étroite passe ; mais je n'ai pas le vertige, je poursuis sans crainte et je comprends l'utilité de faire passer dans nos casernes les soldats sur le portique du gymnase ! Dans l'îlot est établie une curieuse pêcherie de saumons : d'énormes nasses, des filets immenses forment un barrage planté dans les remous de la mer ; les poissons longent la côte, sont arrêtés par le rocher et refoulés par le courant dans les filets. Trois cavernes ouvrent devant moi leurs gueules effrayantes où s'engouffrent légèrement des hirondelles de mer. Et sur tous les rochers de la côte, de grandes bandes de pétrels, de pingouins, de cormorans semblent monter la garde, solennels et tranquilles, devant l'agitation des flots. Depuis quinze jours, les jeunes mouettes sortent du nid ; des milliers, encouragées par les appels de leurs parents, risquent leurs premières volées, et de toute la falaise s'élèvent des piaulements et des petits cris comme si d'innombrables flûtes invisibles soufflaient des sons plaintifs et doux.

Le soir, pendant que j'écris quelques notes au splendide *Northern Counties Hotel*, et qu'au loin la marée montante saute sur les roches, une troupe de ménestrels anglais avec violons, banjos et grosses caisses, les figures barbouillées de suie, vêtus de rouge ou de bleu, vient sous mes fenêtres danser la gigue. De plus en plus je me rapproche de l'Angleterre.

CONCLUSION

Mon voyage finit et je hâte le retour. Demain je reverrai Dublin, la ville noire, puis je traverserai la mer d'Irlande et le jour même j'arriverai à Londres, dans la gare de Euston, au milieu de ces rues encombrées le samedi soir par les marchands des quatre saisons qui vendent des légumes à la lueur des torches fumeuses.

J'ai tort sans doute de ne pas visiter Armagh, où habite le Primat d'Irlande, et de ne pas séjourner à Belfast.

Entre deux trains j'ai vu cette dernière ville populeuse, industrielle et commerçante, et j'ai été assourdi par les innombrables marteaux des ouvriers qui construisent des navires dans les chantiers de MM. Harland and Wolf. L'amirauté anglaise a commandé ici plusieurs vaisseaux de guerre ; et la ligne *White Star* y a fait faire le *Teutonic* et le *Majestic*.

Les rues sont bordées par ces maisons hautes dont les façades neuves sont déjà noircies par la pluie et la fumée, ruches immenses, couvertes à chaque étage par d'innombrables inscriptions ; reliées d'une rue à l'autre par des écheveaux de fils téléphoniques et télégraphiques : je me crois à Glasgow ou à Liverpool.

Au hasard de ma promenade je trouve deux preuves de la conquête anglaise. Sur un mur s'étale cette annonce pour une comédie : *Much funnier than a pantomime, laugh ! laugh ! laugh !* « Beaucoup plus drôle qu'une pantomime, rire ! rire ! rire ! » Quelle réclame pour le génie grossier des basses classes anglosaxonnes ! Ni les Irlandais, ni les Français n'ont besoin, pour aller au théâtre, qu'on leur promette un spectacle supérieur à une pantomime. — Puis je vois défiler une procession de 20.000 personnes, qui interrompt la circulation dans la moitié de la ville : ce sont les

Rechabites, pauvres gens qui ont juré de ne boire que de l'eau ! Je retrouve ici l'ostentation anglaise de la vertu, son étalage dans les rues, bannières déployées au son des grosses caisses.

* *

Dans le train qui court entre Belfast et Dublin parmi des prairies interminables, des collines basses, semblables à celles de la Normandie, je me demande quelles impressions définitives je pourrais écrire au bas de mes notes d'Irlande ?

Par-dessus tout, le regret des paysages, tantôt grandioses sur les côtes où les pas des touristes sont marqués par le rythme profond des lames, tantôt mélancoliques à l'intérieur, tranquilles, silencieux, évocateurs des rêves adorablement tristes. Dublin n'est guère plus éloigné de Paris que Berne et l'Irlande est une

Suisse inconnue, non déflorée par les agences
de voyages, sans la majesté des Alpes, il est
vrai, mais avec celle de l'Océan ; voyage facile
où l'on trouve des légions de garçons allemands qui parlent français : je voudrais dire à
tous d'y aller voir.

. . . .

. . . .

Et pour la politique, je me bornerai à citer
en terminant l'opinion d'un homme qu'on
n'accusera pas de sympathie pour l'Angleterre, William O'Brien, dans un discours à
Cork en 1894 :

« Si un nationaliste irlandais s'était endormi
en 1867 pour se réveiller en cette année de
grâce, il se demanderait si la majorité nationaliste dans le Parlement, les maires nationalistes, les lois pour le rachat des terres, les
lois pour les ouvriers agricoles, l'oligarchie
tombée, la police amie, ne sont pas un vaste
complot pour lui donner l'illusion d'impossibles
joies. Il écouterait les conversations des hommes
et il apprendrait qu'ils ne s'étonnent pas que la
Chambre des Communes ait, par deux cents et

quelques votes, affirmé sa volonté d'établir un Parlement Irlandais ; la Chambre des Lords seule les surprit en montrant assez de courage — une heure seulement dans toute l'histoire d'une nation — pour retarder la cérémonie d'inauguration dans *College Green*[1]. Il penserait à O'Connell, à cette prodigieuse intelligence, se surmenant jusqu'à la mort dans la lutte pour le Rappel[2] sans éveiller aucun écho sympathique chez un seul homme d'État anglais, ni entamer de la largeur de la main le mur de diamant du préjugé britannique. Il se rappellerait le morne demi-siècle durant lequel le fermier irlandais réclamait en vain un pauvre viatique d'indemnité pour le renvoi de sa ferme, et, aujourd'hui, grand Dieu ! le bras de « l'extorqueur » est tombé paralysé, le superbe orgueil de « l'évicteur » a été abaissé ; la loi qui jadis chassait du sol sans merci le paysan irlandais

[1] *College Green* : quartier de Dublin où siégeait le Parlement Irlandais avant l'acte d'union de 1800.

[2] Le Rappel (*the Repeal*) serait la destruction de l'acte d'union ; c'est-à-dire de l'union législative de la Grande-Bretagne et de l'Irlande que Castlereagh a fait voter en 1800 par un Parlement vénal au milieu d'une population terrorisée.

confesse en accents entrecoupés de sanglots,
mais irrévocables, que le fermier de ce pays
restera son propre seigneur et maître désormais
et pour tous les siècles à venir. Notre dormeur
imaginaire se souviendrait de l'ouvrier agricole
comme d'un malheureux en haillons, qui habite
une hutte pestilentielle, sans argent ni nourriture, sous la morsure de l'hiver ; aujourd'hui,
en traversant le plaisant pays de Limerick et
de Tipperary, il verrait côte à côte les châteaux
en ruines des étrangers ou des « absentéistes »
et les jolies demeures des ouvriers qui commencent à égayer le paysage avec leurs jardins
bien arrangés, leurs fleurs près de la porte et
leur silos de pommes de terre pleins à ras bords
pour le temps de l'hiver. Enfin ses yeux bril-
leraient de joie à la vue des temples de la
vieille foi, majestueux et libres, n'ayant plus à
redouter ni les chasseurs de prêtres, ni les lois
brutales, dans un voisinage amical avec les
clochers de l'Église d'État découronnée ; il
apprendrait que le reste du trésor de cette
Église, jadis dépensé pour la persécution des
Papistes intraitables, est maintenant employé à

donner à ces intraitables Papistes l'éducation plus raffinée et libérale qu'autrefois ils imploraient en vain, et aussi à secourir les paysans affaiblis par l'âge, oubliés dans les rochers et les tourbières de l'Ouest sauvage; et sur toute notre terre a été promulgué le décret, enregistré sur l'autel de tous les cœurs irlandais, que la bigoterie, l'intolérance, les persécutions religieuses n'empoisonneront plus jamais nos rivages, et, quelle que soit la religion des hommes, elle restera libre comme les vents de l'Océan et jamais soumise à l'œil d'un juge, sauf de celui qui fit une loi pour les vents et une route pour l'orage.

« Il est vrai que rien n'est achevé et que nous sommes seulement au début de l'aurore. Le mécanisme des lois agraires est encore entravé par cent défauts et cent chaînes. Les lois pour les ouvriers agricoles peuvent devenir lettre morte partout où domine l'influence locale d'un mauvais propriétaire. Les ennemis du peuple sont encore assis dans les hautes places, les embarcadères fourmillent d'émigrants; une foule de gens riches et puissants se réunit pour

12*

écraser dans un suprême effort les libertés naissantes de notre nation sous les talons d'acier des vieilles cottes de mailles. Mais il est écrit comme charte inaliénable de notre avenir que tout ce qui est encore défectueux peut être corrigé ; que tout ce que nous avons gagné ne nous sera plus jamais repris. »

La situation s'améliore donc ; la Grande-Bretagne a beaucoup accordé à sa sœur cadette. Comment finira cette évolution qui dure depuis trente ans déjà ? L'union complète sans arrière-pensée avec l'Angleterre ; — l'indépendance absolue ; — ou l'autonomie comme pour le Canada, le Cap et l'Australie, être une unité dans cette vaste confédération d'États qui se nomme l'Empire Britannique ? Hélas ! depuis mille ans que les Irlandais combattent et détestent les Anglais, l'union complète semble impossible ; l'indépendance paraît plus chimérique encore, et l'idée d'une confédération avec Londres pour capitale a perdu beaucoup de popularité depuis dix ans. Sera-ce donc la lutte éternelle, les manœuvres parlementaires, les conspirations, les révoltes... jusqu'à ce que l'émigration ait enfin abandonné l'Irlande aux Anglais? Sera-ce la mort d'une nation?

Non, de toutes les suppositions c'est la seule que je repousse ; je me confie dans l'avenir, dans la vie éternelle des peuples ; et je me rappelle la parole de l'un des plus éloquents professeurs de France : « Il ne faut jamais dire qu'un peuple est mort : songeons au réveil de la Grèce et des États Balkaniques après vingt siècles de servitude ! » Alors se dresse devant moi l'Irlande de saint Patrick ; j'entends sonner les éperons d'or sur les prés verts ; je vois passer les Géraldine, O'Neil de Tyrone, Wolfe Tone, O'Connell, prêts à mourir pour leur patrie, empanachés, fringants, le col serré dans les fraises ou la cravate haute... Il ne faut jamais dire qu'un peuple est mort !

FIN

SOUVENIRS FRANÇAIS A LONDRES

FRENCH CHAPEL.

En sortant des ombrages de Hyde-Park par l'Arche de marbre, on rencontre la grande rue de Portman qui s'allonge vers le nord-ouest. Dès que l'on est arrivé à la hauteur de George-Street, si l'on tourne à droite, on ne tarde pas à apercevoir une petite arcade qui couvre l'entrée d'une ruelle. Sur l'un des murs est pendu un écriteau avec ces mots : « To the French Chapel. » On suit cette ruelle et on se trouve au milieu de *Mews* (écuries)[1]. C'est dans ce coin sombre et retiré que s'élève la petite chapelle française, si grande par ses souvenirs et par son

[1] On sait qu'à Londres toutes les écuries d'un quartier sont réunies dans une même rue : cet ensemble d'écuries porte le nom de *Mews*.

rôle d'autrefois, qui fut de remplacer, suivant les circonstances, Saint-Denis ou Notre-Dame, et qui est bien l'égale et la sœur de la chapelle de Fontainebleau, de la chapelle des Tuileries et de celle de Versailles.

Les premières pierres furent posées par les émigrés au début de la grande Révolution. A ce moment, trente évêques, huit mille prêtres et deux mille laïques recevaient cette généreuse hospitalité que seule la libérale Angleterre pouvait donner. Non seulement le gouvernement de George III ouvrait son territoire à des catholiques et à des Français, mais il leur accordait de nombreuses et magnifiques allocations dont le total a été évalué à 46.620.000 francs. Le château de Winchester était concédé par le gouvernement pour servir de résidence aux prêtres, et près de sept cents y vécurent en communauté. En même temps, la philanthropie anglaise se manifestait par des libéralités privées considérables. On voit que l'or de l'Angleterre n'a pas toujours été une arme contre les Français.

Ce fut avec l'aide d'une partie de ces res-

sources, bien modestes eu égard à leur grand
nombre, que les catholiques élevèrent les chapelles de Crown-Street, Soho, London-Street,
Fitzroy-Square, Paddington-Street, de Little-
George-Street. Cette dernière, la plus célèbre,
demeura seule après la Restauration, et elle est
aujourd'hui, avec la chapelle des Pères Maristes,
à Leicester-Square, la seule chapelle française
de Londres.

Chaque dimanche, tandis que la cloche de
l'église égrène ses sons criards parmi les toits,
les cheminées, la forêt jaunâtre des tuyaux en
céramique, on voit un assez grand nombre de
fidèles, pour la plupart français, qui, le parois-
sien doré à la main, se rendent à l'humble appel
de la chapelle des Mews. Quelquefois, un ou
deux coupés roulent sous l'arche de l'entrée et
s'arrêtent devant la porte du sanctuaire : ce
sont des voitures de l'ambassade de France ou
de celle de Portugal qui amènent de pieux
fidèles. Tout ce monde pénètre par une petite
porte basse et l'enceinte est bientôt remplie. Ce
n'est qu'une grande chambre presque carrée; en
face de l'entrée, un petit autel au-dessus duquel

on lit ces mots : « Autel privilégié ; » à droite,
l'orgue et la maîtrise ; au-dessus de la porte
d'entrée, une tribune où sont réservés quelques
sièges pour la légation de Portugal et les membres
de la famille d'Orléans, quand ils sont à Londres ;
sur les murs, un chemin de croix et quelques
tableaux.

L'ensemble est très humble : la chapelle
n'est riche que de souvenirs. Mais combien de
cérémonies importantes, combien d'actions tou-
chantes se sont passées là ? « A la tribune qui
« règne au-dessus de la porte d'entrée, dit l'abbé
« Toursel, et derrière le fauteuil de Louis XVIII,
« on voyait sur le banc des princes, aux jours
« de grandes fêtes, le comte d'Artois, ses deux
« fils, les ducs d'Angoulême et de Berry, l'au-
« guste fille de Louis XVI, le duc de Bourbon,
« le prince de Condé, le duc d'Orléans et ses
« deux frères, les ducs de Montpensier et de
« Beaujolais. » Lorsqu'en 1810 mourut l'épouse
de Louis XVIII, Marie-Joséphine de Savoie, la
messe des obsèques fut célébrée à la French
Chapel par le cardinal de Talleyrand-Périgord
et l'on observa dans cette circonstance le céré-

monial de Saint-Denis. Ce fut là encore que, plus tard, le comte de Paris fit sa première communion et donna, en souvenir, à la chapelle, un tableau du Titien qui représente la mise au tombeau du Christ. Devant ce tableau, en 1879, le Prince impérial fut aperçu priant avec ardeur... C'était la veille de son départ pour le Zoulouland !

C'est à cause de tous ces souvenirs que l'office de French Chapel, si simple, est pourtant si saisissant. Je me rappelle que j'y allai une fois pendant l'été 1896. En arrivant à l'autel, le prêtre se tourna vers les fidèles et dit en français : « Mes frères, l'office sera célébré aujourd'hui pour le repos de l'âme de Mgr le duc de Nemours. » Ces quelques mots m'émurent profondément : je me sentais en France, dans ma patrie retrouvée ; j'étais entouré de Français et la messe était dite pour un Français. On ne se sent vraiment patriote qu'à l'étranger ou en face de l'étranger. Alors un rien, une chanson entendue dans la rue, une gravure, quelques mots dans la langue maternelle peuvent faire jaillir une émotion soudaine.

J'étais bien loin, je l'avoue, de l'office divin ; je songeais aux émotions pareilles et je me rappelais que peu de semaines auparavant ce même frisson nous avait passé entre les épaules, à quelques amis et à moi, en entendant à l'Alhambra une célèbre chanteuse commencer une chanson populaire de France. C'est que l'image de la patrie s'oppose alors vivement à celle de la nation étrangère ; et parmi les sons de l'orgue j'entendais le canon des batailles, derrière la frêle silhouette de la chanteuse nous voyions reluire l'épée des grands généraux ; à côté de ces mots : « Autel privilégié, » j'apercevais de flamboyants noms de victoires, et tout près de la comédienne se dressait l'image de l'Autre avec son tricorne et sa redingote grise...

La messe était finie ; les derniers tintements aigus de la cloche s'égrenaient dans la petite ruelle et je revenais vers Hyde-Park. Le brouillard jaune du matin, qui poudroyait au loin dans les rues, s'enlevait rapidement ; des coups de soleil rouge paraissaient de temps en temps sur les maisons, fugitifs et gais comme des éclats de rire. Au milieu du silence recueilli du dimanche anglais, la foule s'écoulait rapide et muette ; dans George-Street, un chien jappa joyeusement ; au loin, on entendait une musique de grosses caisses : l'armée du Salut qui se dirigeait vers Hyde-Park. Et je me demandais quel serait l'avenir de cette pauvre chapelle à la fois si grande et si humble ; j'avais récemment entendu dire que lord Portman, propriétaire de tout ce quartier, méditait de grands embellissements : avait-il déjà condamné l'humble bâtisse des émigrés français ? Autrefois, la chapelle française était chapelle d'ambassade et recevait une allocation de 160 livres sterling par an ; mais M. Challemel-Lacour, en 1884, la fit supprimer, et, quand le bail actuel sera terminé, rien n'arrêtera plus la pioche des démolisseurs. Seule, la volonté généreuse du noble propriétaire l'épargnera peut-être ; les Anglais, si attachés à leurs vieilles choses et à leurs souvenirs, respectent généralement ceux d'autrui [1].

[1] Pour subvenir aux frais du culte, on a établi le payement des places durant les offices. On paye un shilling pour entrer dans la tribune autrefois réservée à la famille royale ; au rez-de-chaussée, les places sont à six pence et à trois pence. Cet impôt est du reste dans les habitudes anglaises : tous les cultes y ont recours.

J'arrivais dans Hyde-Park et le soleil, enfin vainqueur, faisait resplendir comme une gloire la verdure des grands arbres et des pelouses infinies. Les prêcheurs en plein vent criaient la Bible en main ; un cantique monotone montait là-bas sous les chênes, au pied de la statue d'Achille dédiée à Wellington ; les grosses caisses de l'armée du Salut faisaient trêve un moment. Alors très loin, très loin, je crus entendre un frêle son de cloche, le dernier tintement de la French Chapel, la petite église où maintenant, pour un shilling, on entend la messe dans le fauteuil de Louis XVIII.

LE CIMETIÈRE DE SAINT-PANCRAS

Au nord de Londres, dans le quartier de
Somers-Town, qui fut autrefois élégant et très
français, se trouve l'église du vieux Saint-Pancras, avec son vaste cimetière fermé aujourd'hui.
A Londres, on n'enterre plus dans l'intérieur de
la ville : plusieurs Compagnies se chargent de
faire prendre les défunts à domicile et de les
expédier, avec le sans-gêne et la rapidité britanniques, dans des cimetières fort éloignés de
la Cité. Les anciens cimetières sont transformés
en jardin. Peu à peu les vieilles tombes dispa-

raissent, les pierres s'effritent et l'espace se fait plus grand pour la pelle et le râteau du jardinier ; les corbeilles de géraniums et de pétunias s'épanouissent, et les bordures de buis courent le long des allées sablées. Ce spectacle de la mort et de la vie toujours victorieuse et envahissante est celui de Saint-Pancras Cemetery.

A l'extrémité de ce cimetière, on voit une grande étendue de terrain particulièrement dénudée : c'est le cimetière français. Dès 1792, les autorités anglaises donnèrent ce terrain à la colonie des émigrés pour la sépulture de leurs morts. Parmi tant de bienfaits dont furent alors comblés les Français, celui-ci était le plus délicat, car il ménageait les susceptibilités des catholiques par-delà le tombeau et permettait à tous les enfants de la même foi et de la même patrie de dormir en commun leur dernier sommeil.

Hélas ! il ne reste aujourd'hui qu'une seule tombe dans tout l'ancien cimetière français : celle de Mgr de La Marche ; encore est-il bien difficile de lire ce nom et impossible de déchiffrer l'inscription sur la mauvaise pierre de Portland où elle fut gravée. A mesure que les pierres tombaient, se brisaient, le gardien du cimetière les réunissait sur des terre-pleins qui forment de véritables corbeilles de pierres tombales : là, on trouve un touchant mélange de noms anglais et français, des inscriptions naïves dans les deux langues. Et c'est tout. Pas un monument, pas une stèle, pas une pierre avec quelques mots rappelant au passant que des milliers de Français ont été enterrés dans ce lieu;... et quels personnages illustres : toute une grande partie de l'aristocratie de la France qui avait fui devant la Révolution. Peu après la fermeture du cimetière, en 1879, la paroisse fit élever un monument près de la porte d'entrée : les noms des défunts les plus illustres y ont été inscrits, sans distinction de nationalité; voici quelques noms français que j'y ai relevés : Bigot de Sainte-Croix, dernier ministre de Louis XVI; prince de Broglie; de Pont-Carré, ancien premier président du Parlement de Rouen; marquis de Tourville; chevalier d'Eon; comte d'Hervilly; marquis de Bonneval; comte de Gramont, mort en 1795; comte de La Bourdonnaye de Claye;

Mgr de La Marche; Mgr de Malide; Mgr Dillon, archevêque de Narbonne...

Le gardien du cimetière, auquel je m'étais adressé, me donnait des détails. Il n'avait jamais vu que des pierres très simples, très pauvres : sans doute, au temps de l'émigration, les ressources étaient rares ; on avait à peine de quoi vivre et il fallait économiser sur les morts. Cependant, il me faisait remarquer quelques pierres où des hosties, des calices, avaient été sculptés et, au dessous, on voyait encore des lambeaux de mots français. D'ailleurs, on pourrait, dans quelques cas, retrouver les noms des morts à l'aide du numéro gravé sur les tombes. Ce numéro, généralement visible, correspond à celui du registre de la paroisse où sont contenus les actes de décès.

Le gardien, en poursuivant ses renseignements, me raconta tout à coup un fait touchant. Pendant longtemps, jusque vers 1870, on remarquait une sépulture sans marbre, sans colonne, sans inscription, que, chaque semaine, une main inconnue couvrait de fleurs. Quelle était cette personne fidèle au souvenir des morts? Peut-

être le descendant d'une famille émigrée sous
la Terreur; peut-être un indifférent, mandataire
de quelque volonté lointaine? On ne sut jamais.
Le chapelain de French Chapel avait commencé
une enquête qui n'aboutit pas. Aujourd'hui,
cette main s'est desséchée et la tombe même,
qu'elle entretenait dévotement, a disparu.

J'avais fini ma visite; pour ne pas être trou-
blé dans mes pensées par le mouvement de la
rue, je hélai un cab, qui m'emmena de son trot
léger à travers les hachures grises de la pluie
qui n'avait pas cessé depuis plusieurs semaines.
Oh! la vilaine petite pluie fine, entêtée et drue,
qui tombe sans fin du ciel gris d'automne, qui
jaunit les pointes des herbes, salit la laine des
moutons et dessèche les bruyères dans les parcs,
noircit les briques des maisons, inonde de boue
les rues et fait si confortable, le soir, le « home »
avec son feu flambant et les cercles lumineux
des lampes. Et je songeais que, là-bas, dans
l'argile anglaise, des milliers de Français, appartenant aux plus grandes familles de mon
pays, achèvent de tomber en poussière, perdus
dans les brumes, les brouillards et les pluies,

plus perdus encore dans l'oubli. Pauvres gens, éternellement exilés de leur patrie, éternellement abandonnés des leurs !

Au Pays de Wordsworth

AU PAYS DE WORDSWORTH

La région des lacs n'est qu'un immense parc
embaumé par toutes les plantes des montagnes
et rafraîchi par seize lacs qui allongent ou ar-
rondissent leurs eaux bleues au pied des collines. Dans quelques parties, du côté du lac
d'Ullswater, entre Patterdale et Ambleside, le
pays se fait désert et farouche comme dans la
passe de Glencoe, en Écosse, ou comme à l'endroit du chaos, sur la route de Gavarnie ; mais,
le plus souvent, le paysage roule vers ses lacs
des prairies à l'herbe fine, d'un vert étincelant,
et des ruisseaux au milieu desquels la violence
du courant dessine de longues tresses qui s'en-
roulent autour des grosses pierres rondes où
se cachent les truites. Çà et là, des bouquets

de sapins dont le vert sombre tranche sur le vert tendre de la prairie ; et des villas coquettes, bâties en schiste gris bleu, jamais blanchies à la chaux, qui étalent devant leurs portes, comme des nappes aux couleurs voyantes, de petits jardins pleins de géraniums et de fuchsias.

Excepté le dimanche, où le silence d'autrefois retombe sur le pays, toute la région des lacs, de Windermere à Grasmere, de Derwentwater à Conniston, est sillonnée par d'innombrables mail-coaches et des chars à bancs. Jeunes gens chaussés de knickerbokers, jeunes filles serrées dans leurs waterproofs de voyage, clergymen en longues redingotes montent péniblement les côtes ou les dévalent à fond de train en faisant sonner joyeusement les trompettes des mails. De jeunes garçons coiffés du demi-chapeau, portant la veste courte et le large col, passent à cheval, au grand trot, avec leurs mines sérieuses et énergiques. Dans le fond des vallées, des points blancs s'agitent sur de petits carrés d'herbe : ce sont de jeunes misses ou des boys en costumes clairs, qui jouent au tennis ou au cricket.

Comme il est changé et profané ce pays où vécurent les grands écrivains de l'école des lakistes : Wordsworth, Sonthey, Coleridge, Quincey ; dans lequel Walter Scott aimait à se promener et où Tennyson et Ruskin fixèrent leur demeure ! S'il y a encore des ruisseaux éternels, des collines et des bois « ensoleillés », des montagnes vertes, et des troupeaux, et des fourrés pleins de chansons [1], et si l'on entend encore ces sons graves et inattendus : grondements du tonnerre ou détonations de mines lointaines exploitées dans les replis des gorges, tous ces bruits ne s'étendent plus comme autrefois dans la solitude et le silence, ils se mêlent aux fanfares des coaches, aux cris des touristes et aux sons des cornemuses des mendiants disséminés sur les routes.

Sur la petite place d'Ambleside nous nous entassons dans un char à bancs avec des touristes américains qui veulent visiter l'Angle-

[1] What want we? have we not perpetual streams,
Warm woods, and sunny hills, and fresh green fields,
And mountains not less green, and flocks and herds,
And thickets full of songsters...

terre en huit jours. Heureusement, nos voisins, fatigués d'une nuit en wagon, parlent peu et nous évitent cet horrible accent nasal, particulier aux Yankees et qui leur donne l'air de parler toujours dans un mirliton : l'air frais du matin, qui leur fouette le visage, peut à peine les tenir éveillés.

Nous suivons la route de Grasmere et nous traversons sur un pont d'une seule arche, comme tous les ponts de ce pays, la petite rivière Rothay qui se jette à Pull-Wyke-Bay dans le grand lac de Windermere ; puis nous passons au pied du mont Rydal sur le flanc duquel se trouve la dernière maison où demeura Wordsworth, lorsque la rente, attachée au titre de Poète-Lauréat, lui eût permis d'habiter un *home* presque confortable, jouissant d'une adorable vue sur le petit lac de Rydal, perdu comme une gemme au pied des montagnes, et sur la grande eau de Windermere dont les plans s'éloignent vers les limites de l'horizon. Au pied de Rydal-Mount la route frôle un gros rocher taillé en forme de siège où Wordsworth venait rêver ; plus loin elle passe devant Nab-

Cottage, la maison d'Hartley Coleridge pendant une partie de sa vie. Dans les grandes herbes du petit lac, deux gentlemen chassent le gibier de marais : l'un chaussé de grandes bottes longe la berge au ras de l'eau ; l'autre pousse un petit bateau de l'autre côté de la forêt d'herbes aquatiques qui les sépare ; les chiens font la navette entre leurs maîtres, pataugeant dans la boue, froissant les herbes et faisant partir de temps en temps quelque poule d'eau ou quelque sarcelle, aussitôt saluée par plusieurs coups de fusil, qui grondent dans les montagnes comme le bruit des boules lancées par les joueurs de Rip Van Winkle. Puis la route tourne soudain autour d'un petit monticule boisé et nous sommes saisis par la vue de la vallée et du lac de Grasmere. Helm Crag, Steel Fell, Seat Sandal et Great Rigg lèvent devant nous leurs têtes chauves, sorties soudain de leurs longues robes vertes qui s'étalent à la base avec de larges replis, comme les paniers des grandes dames d'autrefois. A leurs pieds, avec son eau sans ride et qui semble lourde comme du mercure, s'arrondit le lac de Grasmere. Presque au milieu un petit îlot le troue d'une tache, et sur le bord méridional de cet îlot poussent quelques sapins, que tous les Anglais nous font remarquer, parce qu'ils ont été plantés par le prince de Galles !

Au nord du lac s'allonge le petit village de Grasmere, traversé en partie par la Rothay, que nous retrouvons toujours rieuse sur ses cailloux. Pendant que les Américains restent dans le mail et continuent leur route rapide, nous nous dirigeons à pied vers deux lieux de pèlerinage : la maison et la tombe de Wordsworth. Les différentes demeures habitées par le grand poète, pendant les cinquante années qu'il passa dans le val de Grasmere, ont toutes été vendues (Town End, Allan Bank, le Parsonage, Rydal House) et les nouveaux propriétaires y ont effacé presque tous les vieux souvenirs ; la plus ancienne, Dove Cottage, que le poète abandonna en 1805, reste seule presque intacte. Ce n'est qu'une pauvre chaumière. La gardienne, Mrs. Dickson, une petite vieille toute plissée, toute ratatinée, mais saine comme une pomme de reinette conservée jusqu'à Pâques, nous ouvre l'huis plus branlant qu'elle-même. Pas de

mobilier dans les petites chambres, aucun orne-
ment sur les murs blanchis à la chaux ; le
plancher est pourri par endroits. On nous
montre une table de cuisine, boiteuse et rongée
par les vers : c'est là que l'auteur de *We are
seven*, *Peter Bell*, *There was a boy*, *Lucy Gray*,
Michael, *The Cuckoo*, a écrit ses plus jolis vers.
Nous montons quelques marches d'un mauvais
escalier et nous entrons dans une pièce aussi
nue, aussi désolée que les premières, la chambre
de la sœur du poète ; puis nous passons dans
une autre salle, où l'on a rassemblé quelques
souvenirs. Une série de portraits de Wordsworth à différentes époques de sa vie fait le tour
de la pièce. Deux nous frappent particulièrement : dans l'un, plus jeune, l'œil est ardent, les
cheveux sont fièrement rejetés en arrière, tous
les traits respirent l'enthousiasme : on sent
l'homme capable de s'envoler d'un coup d'aile
sur les sommets ; dans l'autre, qui a été le plus
reproduit, Wordsworth est vieux, le front énorme
et dénudé penche en avant, voilant d'ombre la
douceur des traits : dans ce portrait la ressem-
blance est frappante avec M. Taine. Sur une

planchette de bois on a rangé quelques livres qui sont de pieux souvenirs : une Bible surtout est très annotée. Des lettres et de courts manuscrits qui ont été encadrés nous révèlent l'écriture du poète ; elle est petite, un peu sèche, les lettres sont très séparées ; c'est celle d'un nerveux et d'un intuitif. Nous jetons un regard par la fenêtre : la vue est médiocre, surtout depuis que la célébrité du village a fait pousser comme des champignons une douzaine de villas qui masquent le cours de la Rothay.

Nous sortons dans le petit jardin qui s'élève rapidement sur la colline contre laquelle est collée la maison. L'unique allée est une sorte d'escalier avec des marches très larges ; les terres sont soutenues par des pierres que Wordsworth a placées lui-même ; des rosiers greffés et quelques petites fleurs des montagnes, qui ont vu rêver le poète, escaladent la pente et suivent le bord de l'allée jusqu'à une petite tonnelle d'où la vue s'étend sur le village, la Rothay et une partie du lac.

En redescendant, nous trouvons Mrs. Dickson, qui nous attendait sur le pas de la porte du jar-

din. Dans son enfance, elle a connu Wordsworth et elle l'apprécie comme faisait la servante de La Fontaine : un bon homme, oh ! un
si bon homme, mais un peu simple ! Mise en
verve par quelques paroles aimables, elle plai-
sante sur la pauvreté de la demeure, sur la table
boiteuse qui a servi de bureau et sur les poèmes
eux-mêmes. « Ses vers, disait-elle, ne lui ont
« jamais rapporté un sou ; il n'y a que la rente
« attachée au titre de Poète-Lauréat qui l'ait
« tiré de la pauvreté. Il n'a jamais gagné tant
« d'argent que moi ! » Et elle se met à rire avec
une flamme malicieuse au coin de l'œil, en son-
geant à la petite fortune qu'elle s'est amassée
avec les pourboires des visiteurs de la maison
de Wordsworth.

Dans la salle de l'entrée nous feuilletons le
registre des visiteurs. Beaucoup d'Américains
et d'Anglais ; quelques Allemands, mais pas un
nom français. Nous sommes surpris :

— Voyez-vous quelquefois des Français,
Mrs. Dickson ?

— Des Français ? Il en est venu peut-être,
mais je ne me rappelle pas.

A pas lents, dans la douceur du soleil du matin, nous nous dirigeons vers la tombe de Wordsworth. Elle se trouve dans le petit cimetière de Grasmere, qui entoure l'église à la manière des anciens cimetières français. Une bande de touristes l'a envahi et fait parmi les tombes un épanouissement de toilettes claires et d'ombrelles rouges.

Le clocher de l'église est une grosse tour carrée, dans le style d'Henri VIII, comme presque tous les clochers d'Angleterre. Nous pénétrons sous la voûte, et, dans l'intérieur très modeste, nous remarquons quelques souvenirs des lakistes : des portraits, un vitrail. Le pasteur est fort affairé à raconter à un touriste l'histoire de son église : il ne lui fait grâce d'aucun détail, d'aucune date ; d'une voix retentissante, il lui fait remarquer une solive qu'on a consolidée au xvii° siècle.

Dehors, dans la chaleur de midi, un coin du cimetière est plein d'ombre et de fraîcheur. Des chênes, des sapins, des ifs, poussés pêle-mêle, y allongent leurs ramures ; tout près, la Rothay, au pied du petit mur qui sert de digue contre ses inondations, coule avec de légers glouglous rafraîchissants. C'est dans cet angle que se trouvent les tombes de Wordsworth, de Hartley Coleridge et de leurs familles. Nous déchiffrons les inscriptions sur les pierres très simples : « Wordsworth, né dans la petite ville de Cockermouth, dans le comté de Cumberland, le 7 avril 1770, mort à Rydal-Mount, dans le comté de Westmoreland, le 23 avril 1850. » Quelques mots d'adieu, puis l'inscription funéraire de sa femme, Mary Hutchinson de Penrith, qu'il avait épousée en 1802 ; puis celle de sa sœur, Dorothy Wordsworth ; enfin, plus bas, quelques autres : celles de parents obscurs. Cette tombe est simple comme l'ont été l'âme et la vie du « bon homme » dont parlait Mrs. Dickson. Pourtant, si simple qu'elle soit, cette tombe de poète évoque toute la poésie des pays d'eaux et de montagnes, tous les charmes que les lakistes ont chantés dans leurs vers. Et je me rappelais qu'autrefois, à l'âge où l'imagination s'éveille, je croyais voir, le soir, dans le cristal des eaux argentées par la lune, se lever les dames des lacs et, sur le bord des taillis, danser des formes blanches. Oh ! tous les mythes enchanteurs dont la littérature romantique avait bercé nos esprits et qui avez mis au bord de notre vie la grâce de votre sourire et la caresse de vos formes indécises, soyez bénis...

Vous m'avez permis, ce jour-là, de monter, comme William Wordsworth dans le prologue de *Peter Bell*, dans le petit bateau en forme de croissant de lune qui s'élève dans les airs, plonge dans les nuages, navigue parmi les étoiles et au-delà des sphères lointaines disparaît dans les pays légers de l'espace.

Pourtant, il fut rare que Wordsworth ouvrît ainsi toutes grandes les ailes de son imagination : le plus souvent il aimait rester plus près de terre, dans des sujets familiers et tendres. On a dit de Verlaine qu'il avait une âme d'enfant; combien cette parole serait plus juste du grand poète des lacs ! Il a toujours eu besoin d'avoir, penchée sur lui, l'affection d'une femme, qui lui servait un peu de mère ; sa sœur, surtout, le prit par la main et le guida sur « l'âpre chemin » qu'elle semait de fleurs :

She gave me eyes, she gave me ears
And humble cares, and delicate fears ;
A heart the fountain of sweet tears,
And love, and thought, and joy.

(Elle m'a donné des yeux, elle m'a donné des oreilles — Et mes humbles occupations, et mes craintes légères ; — Un cœur, fontaine des douces larmes, — Et l'amour, et la pensée, et la joie.)

La poésie fougueuse, le lyrisme, si l'on veut, sont beaucoup plus rares chez lui que dans les poèmes de Shelley, Coleridge, Byron...

De plus, il a des défauts réels : il est trop doctrinal. Charles Lamb a porté sur sa poésie ce jugement : « Les instructions qu'on y trouve sont trop directes ; elles ne se glissent pas dans l'esprit du lecteur sans qu'il y pense. » Wordsworth n'a pas compris que la poésie n'est pas faite pour enseigner.

Par suite, il est tombé dans la prolixité. Ses remontrances et ses conseils ont beaucoup trop allongé ses poèmes : excepté dans les sonnets et dans une vingtaine de pièces qui sont parfaites, l'intérêt languit.

Trop de solennité achève de rendre ces lon-
gueurs plus pénibles. Que sa muse est lointaine
de celle de M. Coppée ! Ses deux plus grands
poèmes, *le Prélude* et *l'Excursion*, qui sont une
sorte d'autobiographie, sont vraiment difficiles
à lire en entier.

Mais il se relève très haut, d'abord par la
vérité, j'oserai dire par le réalisme de sa poésie.
Ainsi, dans le second livre de *l'Excursion*, le lecteur voit mieux le paysage dans lequel meurt
« le pauvre mendiant » que s'il regardait le
pays du haut du siège d'un coach. Puis, au
milieu de ce réalisme, aux choses de la vie
ordinaire, il connaît le secret de mêler soudain
l'infini. A propos, comme dans *Peter Bell*, d'un
noyé et d'un âne qui se laisse rouer de coups,
plutôt que d'abandonner le cadavre de son
maître, il saura toucher « la profondeur et non
le tumulte de nos âmes » ; il nous conduira
vers le repos, la force, la constance et la volonté.

« Tout art ou toute poésie, » a dit John Morley,
« à ce sujet, « qui a pour effet de mettre dans
« le cœur des hommes, même pour un court

« espace de temps, le calme d'une paix assise
« et d'affirmer leur jugement et leur volonté
« dans le bien, — quelles que soient, d'ailleurs,
« leurs imperfections, quelque prosaïques que
« puissent être leurs détails, — sont et un
« grand art et une noble poésie, et leur créateur
« aura toujours, comme Wordsworth, un titre
« souverain au respect et à la reconnaissance
« de l'humanité. »

NOUS SOMMES SEPT

(We are seven)

Cette courte poésie, qui est un bon échantillon du talent de Wordsworth, jouit d'une énorme célébrité en Angleterre. Je me suis efforcé, dans la traduction, de serrer de près le texte original.

Le petit enfant qui respire
Légèrement, qui court, puis dort,
Qui pleure et à l'instant va rire,
Que peut-il comprendre à la mort ?

A simple child,
That lightly draws its breath,
And feels its life in every limb,
What should it know of death?

Une fois, dans une chaumière,
Je vis une petite enfant,
Cheveux blonds comme la lumière
Et l'œil doux et caressant.

Costume étrange, un air rustique
Comme l'est un pays boisé :
Huit ans ; c'est un âge angélique,
L'aurore d'un matin rosé.

« Frères et sœurs, petite fille,
« Dites-moi, combien êtes-vous ? »
Ouvrant un grand œil bleu qui brille,
Elle dit : « On est sept, chez nous.

« A Conway, deux de nous demeurent ;
« Deux autres voyagent en mer ;

I met a little cottage girl :
She was eight years old, she said ;
Her hair was thick with many a curl
That clustered round her head.

She had a rustic, woodland air,
And she was wildly clad :
Her eyes were fair, and very fair ;
— Her beauty made me glad.

« Sisters and brothers, little maid,
How many may you be ? »
« How many ? seven in all » she said
And wondering looked at me.

« And where are they ? I pray you tell. »
She answered, « Seven are we ;

« Deux autres, que mes parents pleurent
« Le soir, en disant leur *Pater*,

« Habitent dans le cimetière. »
« — Enfant, si deux de vous sont morts,
« Pour toujours ont clos la paupière,
« Vous n'êtes plus que cinq, alors? »

« — Nous sommes sept, garçons et filles; »
Répondit la petite enfant.
« Deux sont dans des tombes gentilles
« Sous un saule au feuillage blanc. »

« — Vous courez, vous, à droite, à gauche
« Et vous jouez au beau soleil,
« Tandis que ceux que la mort fauche
« Dorment toujours un long sommeil. »

And two of us at Conway dwell,
And two are gone to sea.

« Two of us in the church-yard lie,
My sister and my brother;
And, in the church-yard cottage, I
Dwell near them with my mother. »

« You say that two at Conway dwell.
And two are gone to sea,
Yet ye are seven! — I pray you tell,
Sweet maid, how this may be. »

Then did the little maid reply,
« Seven boys and girls are we ;
Two of us in the church-yard lie,
Beneath the church-yard tree. »

« — Vous pouvez voir leur tombes vertes, »
Poursuivit la petite enfant.
« Elles sont de lierre couvertes,
« Et de chèvrefeuille grimpant ;

« Là je vais bien souvent recoudre
« Mes bas et ourler mon mouchoir ;
« Souvent je ne puis me résoudre
« A les quitter avant le soir ;

« Avant que le soleil ne tombe
« Du ciel, dans la belle saison,
« Parfois je soupe sur leur tombe
« Et je leur chante une chanson.

« La première, Jeannette, est morte :
« Elle gémissait dans son lit,

« You run about, my little maid,
Your limbs they are alive;
If two are in the church-yard laid,
Then ye are only five. »

« Their graves are green, they may be seen »
The little maid replied,
« Twelve steps or more from my mother's door,
And they are side by side.

« My stockings there I often knit,
My kerchief there I hem ;
And there upon the ground I sit,
And sing a song to them .

« And often after sunset, Sir,
When it is light and fair,

« Et suppliait que Dieu l'emporte
« Jusqu'à ce que Dieu l'entendît.

« Puis on la coucha dans la terre,
« Et nous jouâmes tout l'été
« Auprès de sa tombe, mon frère
« Jean et moi. Puis quand la clarté

« De la neige couvrit les sentes,
« Que gaîment je pouvais courir
« Et glisser tout le long des pentes,
« Alors Jean aussi dut partir. »

« — Vous êtes donc cinq, ma petite,
« Si ces deux-là sont dans les cieux. »
Mais l'enfant répondit bien vite :
« Nous sommes sept : recomptez mieux ! »

I take my little porringer,
And eat my supper there.

« The first that died was sister Jane;
In bed she moaning lay,
Till God released her of her pain;
And then she went away.

« So in the church-yard she was la d
And, when the grass was dry,
Together round her grave we played,
My brother John and I.

« And when the ground was white with snow,
And I could run and slide,
My brother John was forced to go,
And he lies by her side. »

La mort, le ciel, l'âme envolée...
Ces mots n'avaient aucun effet ;
La fillette avait son idée
Et dit toujours : « Nous sommes sept. »

How many are you, then », said I,
« If they two are in heaven ? »
Quick was the little maid's reply,
« O Master ! we are seven. »

« But they are dead ; those two are dead !
Their spirits are in heaven ! »
'Twas throwing words away ; for still
The little maid would have her will,
And said, « Nay, we are seven ! »

———————

Notes de Terre d'Irlande

NOTE A

PROJET DE GOUVERNEMENT LOCAL POUR L'IRLANDE

Le 21 février 1898, M. Gérald Balfour a proposé à la Chambre des Communes un projet de loi qui met l'administration locale de l'Irlande entre les mains de corps électifs. Cette réforme libérale — promise depuis plusieurs mois par le gouvernement conservateur — est accueillie très favorablement par les Irlandais : ils la regardent comme un acompte important sur les concessions futures du Parlement britannique et lui ont donné le nom emphatique de *Tory Home Rule* (le Home Rule des Conservateurs par opposition au *Home Rule* des Libéraux présenté par M. Gladstone). Il est probable que ce projet de *Local Government*, avant d'être définitivement voté par la

Chambre des Lords, subira quelques modifica-
tions : aussi nous en esquisserons seulement les
grandes lignes.

Le projet se divise en huit parties.

PREMIÈRE PARTIE

County Councils (Conseils de comtés)

Un Conseil sera établi dans chaque comté et
sera chargé des affaires d'administration et de
finance. *Il sera composé d'un président et de
conseillers élus par le peuple pour trois ans.*

Ces Conseils de comtés remplaceront les Grands
Jurys (*County Grand Juries*). Les Grands Jurys
étaient jusqu'ici nommés par le gouvernement :
ils établissaient et percevaient le *County Cess*,
impôt local supporté seulement par les locataires.

Les Conseils de comtés auront aussi le pouvoir
de nommer des comités pour administrer les
Asiles d'Aliénés, qui étaient dirigés par des
Bureaux (*Boards of Governors*) choisis par le
gouvernement dans la classe des propriétaires,

bien que ceux-ci n'aient à supporter aucune des charges qu'entraînent les Asiles d'Aliénés.

DEUXIÈME PARTIE

Conseils de districts et Gardiens

Les *Conseils de districts* se subdivisent suivant les cas en : 1° *Urban District Councils* : Conseils de districts des villes ; 2° *Rural District Councils* : Conseils de districts des campagnes.

Les *Conseils de districts des villes* seront établis dans les villes dont la population dépassait 15.000 âmes au dernier recensement de 1891. Les conseillers seront élus et nommeront un président. Ils s'occuperont de certains travaux d'assainissement. Pour subvenir à leurs dépenses, ils pourront lever des taxes locales.

Les *Conseils de districts des campagnes* se composeront d'un président et de conseillers élus. Ils s'occuperont de certains travaux publics et, en particulier, de travaux d'assainissement dans les campagnes. Pour subvenir à leurs dépenses, ils pourront lever des taxes locales.

Les Conseils de districts remplaceront les Conseils de gardiens (*Boards of Guardians*) dont la moitié était nommée d'office, comme représentant des landlords.

TROISIÈME PARTIE

Finance

C'est la partie la plus importante du Bill, et je crois que, pour la faire comprendre, il est nécessaire d'éclairer à l'aide d'un tableau synoptique le système des impôts dans le Royaume-Uni.

Les impôts se divisent en deux grandes branches : 1° *The Imperial Revenue*, ou impôts perçus par l'État ; 2° *Local Taxation*, ou taxes locales.

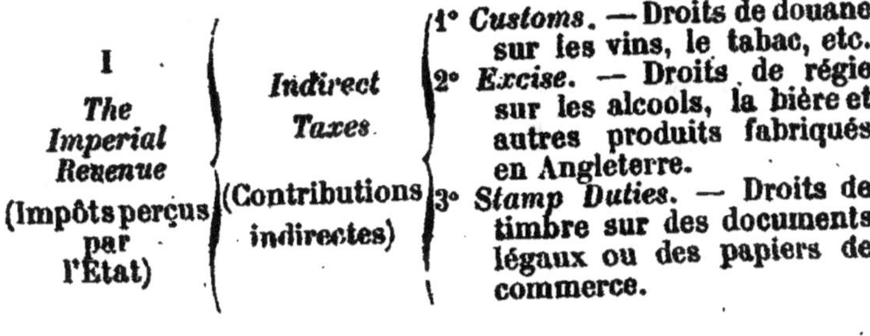

I

The Imperial Revenue

(Impôts perçus par l'Etat)

Direct Taxes

(Contributions directes)

1° *Income Tax*. — Impôt sur le revenu. Tous les revenus supérieurs à 150 livres (3.750 fr) sont soumis à cet impôt; mais si le revenu est inférieur à 500 livres, l'*Income Tax* est un peu réduit. — La taxe varie, suivant les besoins du budget, de 4 pence (0 fr. 40) à 1 shilling (1 fr. 25) par livre (25 francs . Ainsi une personne ayant un revenu de 500 livres par an (12.500 fr.) sera imposée de 8 à 25 livres (200 à 625 fr.).

2° *House-Duty*. — Impôt sur la maison. Il faut une maison évaluée à plus de 20 livres de loyer. — Il y a aussi les impôts sur les domestiques, les voitures, les armoiries...

II

Local Taxation

(Taxes locales)

Ces impôts sont appelés *Rates* et sont levés par les autorités locales comme les Conseils municipaux, vestries, — Grands Jurys, Conseils de gardiens en Irlande. Ces Rates sont souvent appelés aussi *Poor Rate*. Ils sont destinés à l'assistance des pauvres, à l'entretien de la voirie, de la police, etc. (Voir note, p. 171)

Sous l'empire du *Local Government Bill*, les taxes locales (*Local Taxation*) seront levées par la nouvelle administration locale. Jusqu'ici, en Irlande, il y a eu deux principales taxes locales : 1° le *Poor Rate*, payé une moitié par les propriétaires et l'autre moitié par les locataires ; et 2° le *County Cess*, fixé par le Grand Jury et payé entièrement par les locataires.

Mais alors se présente une difficulté politique : les fermiers irlandais formeront dorénavant le fond du corps électoral des Conseils de comtés et de districts, et peut-être seront-ils tentés d'abuser de leur puissance nouvelle pour augmenter le *Poor Rate* et faire à leurs propriétaires une situation intolérable.

Pour éviter ces abus, le gouvernement propose de supprimer la distinction entre le *Poor Rate* et le *County Cess* et de rendre la personne qui occupe le sol seule débitrice de la nouvelle taxe locale. « The occupier is in future to be « liable for both county cess and poor rate, « whether in towns or rural districts. The dis- « tinction between cess and poor rate will cease « and the two will be collected together as one « consolidated rate. » (Discours de M. Balfour.) Par conséquent, l'Irlande sera traitée suivant le système anglais : 1° une seule taxe locale : *Poor Rate ;* 2° cette taxe sera payée par les locataires, — ou le propriétaire, *s'il fait valoir lui-même.* « If the Bill passes owners will cease to be « directly taxed for local purposes, and, to a « large extent cease to be even indirectly taxed,

« or, at all events, cease to bear the burden of
« increased taxation ; but as occupiers they will,
« of course, be in the same position as any
« other ratepayer. »

Ce changement dans les impôts nécessite le
« readjustment of rents », ou refonte des loyers.
Les calculs pour cette opération se feront sur
le montant des loyers de l'année 1896-1897.

Pour faciliter l'établissement du nouvel ordre
de choses, le gouvernement britannique propose
d'accorder pour les *domaines agricoles* une sorte
de subvention de 730.000 livres par an. Cette
subvention est la part qui revient à l'Irlande
dans l'*Agricultural Aid Grant* — fonds de secours
à l'agriculture — qui est distribuée depuis trois
ans en Angleterre et en Écosse. Cet argent est
fourni par le revenu impérial (*The Imperial
Revenue ;* cf. le tableau synoptique) ; et il est
d'autant plus juste de faire profiter l'Irlande de
cette somme qu'il a été reconnu officiellement
qu'elle payait plus de 2 millions de livres de
trop dans la répartition de l'impôt impérial.
(Cf. pages 80 et 173.)

Mais comment sera distribuée cette subvention

agricole de 730.000 livres ? Elle ira aux propriétaires pour une somme équivalente à la moitié du *Poor Rate* qu'ils paient actuellement, et aux locataires pour une somme équivalente à la moitié du *County Cess* qu'ils paient actuellement. Que cette subvention aille aux locataires — qui sont pour la plupart de pauvres fermiers, — rien de plus juste ; mais que les propriétaires prennent aussi leur part de bénéfice, voilà ce qui a paru inutile et même « monstrueux » aux radicaux de la Chambre des Communes (Discussion en 3ᵉ lecture du mois de mai 1898). Ils ont calculé que le duc de X*** et le comte de Z*** recevraient de ce chef tant de livres sterling..., comme s'il était nécessaire de donner encore un peu plus d'or à ces gens qui en ont déjà trop ! Un nationaliste irlandais, qu'on ne peut pourtant pas suspecter de modération excessive, M. Davitt, s'est montré très libéral dans cette circonstance : « Nous ne pouvons pas, » a-t-il dit en substance, « demander aux landlords de renoncer aux honneurs, à leur influence, à tout, sans leur accorder une compensation. Supprimez cette clause et le bill ne passera jamais à la

Chambre des Lords ! » Dans l'exposé du projet de loi, M. Balfour avait émis une autre raison, moins *ad homines*, mais aussi sérieuse : « Ces dispositions, » disait-il, « sont autant en faveur du locataire que du propriétaire. Elles le garantissent contre le risque de voir son loyer augmenté à la suite des secours reçus sous forme de diminution du *County Cess*. » — « These ins-« tructions are quite as much in favour of the « tenant as of the landlord. They protect him « from the risk of having his rent raised in con-« sequence of the relief in respect of county cess « given by the agricultural grant. »

QUATRIÈME PARTIE

Limites

Il résulte de cette partie que, pour les besoins de l'administration, l'Irlande sera divisée en circonscriptions administratives qui seront : les comtés, les unions, les districts ruraux, les districts urbains et les « district electoral divisions ».

15*

CINQUIÈME PARTIE

Dispositions additionnelles

(Relatives aux pouvoirs des Conseils de comtés et des Conseils de districts.)

Enfin, les sixième, septième et huitième parties contiennent différentes définitions et quelques dispositions transitoires.

NOTE B

Voici une liste des hôtels où j'ai trouvé des gens qui parlaient français :

Dublin.	Tous les grands hôtels.
Bray.	International. (Le propriétaire parle français.)
Greystones.	Grand Hôtel.
Lismore.	Devonshire Armes. (La directrice parle français.)
Cork.	Imperial.
Glengariff.	Roche's Hotel. (Le propriétaire parle français.)
Killarney.	Great Southern Railway Hotel.
Enniskillen.	Imperial.
Bundoran.	Great Northern.
Portrush.	Northern Counties.
Belfast.	Les Grands Hôtels.

NOTE C

LE SOCIALISME DANS LE ROYAUME-UNI

Il y a quarante ou cinquante ans, les socialistes regardaient l'Angleterre comme une proie assurée. Ce pays, où l'industrie est plus développée que dans le reste du monde, où ont pris naissance les Associations ouvrières (Trade Unions, Associations agricoles), leur paraissait un terrain merveilleusement préparé à la semence des idées nouvelles. — Je crois qu'ils avaient raison.

Pourtant les événements semblent jusqu'ici leur avoir infligé un démenti absolu. Le parti socialiste anglais est resté longtemps dans l'enfance : jusqu'en 1881 il n'avait en Grande-Bretagne ni organisation, ni propagande. Et aujourd'hui, tandis que l'Allemagne, la France, la Belgique, l'Italie et d'autres nations comptent de nombreux députés socialistes dans leurs Assemblées nationales, il ne se trouve pas, dans la Chambre des Communes, un seul représentant de cette nuance politique.

A quoi cela tient-il?

D'abord à l'extrême grossièreté des basses classes anglo-saxonnes. Un homme d'esprit me disait un jour qu'à Londres les gens du peuple ne pensaient qu'à cinq choses : 1° boire ; 2° manger ; 3° fumer ; 4° jurer ; 5° élever des enfants. En dehors de ce cercle d'idées, leur apathie et leur indifférence sont incroyables. Joignez que leur instruction est nulle et que leur esprit peu alerte comprend difficilement les théories nouvelles et le parti qu'au point de vue d'un égoïsme funeste ils pourraient en tirer. En Irlande, les intelligences celtiques, beaucoup plus ouvertes et plus cultivées, se sont ralliées très vite, sinon à l'idée d'un gouvernement des socialistes, du moins à l'application de certains de leurs principes.

De plus, l'intelligence des Anglo-Saxons est essentiellement pratique : je veux dire rebelle aux théories. Qu'on se rappelle la philosophie expérimentale de l'École anglaise et les remarques de M. Taine dans les *Notes sur l'Angleterre*. Proposez à un ouvrier anglais une augmentation de salaire, une amélioration dans sa maison, un verre de gin à boire, il comprendra tout de suite ; exposez-lui une théorie politique, il écoutera d'une oreille distraite et les progrès d'une idée seront très lents chez lui. Ils n'en seront que plus sûrs.

Enfin l'absence en Angleterre du suffrage universel, les frais énormes des élections, le manque de traitement des députés, la longue résidence nécessaire pour obtenir la qualité d'électeur placent les ouvriers socialistes dans une infériorité écrasante vis-à-vis de leurs confrères du Continent.

Voyons cependant quels ont été les progrès réalisés depuis dix-sept ans. J'ai déjà indiqué le résultat de mon enquête en Irlande, — qui est un gros morceau du Royaume-Uni.

Pour la Grande-Bretagne, je vais citer des extraits d'un article publié en 1898 sous la signature de Mr. H.-M. Hyndmann, l'un des chefs du parti socialiste en Angleterre.

« Deux administrations socialistes, puissantes
« et bien organisées — *the Social Democratic*
« *Federation* et l'*Independent Labour Party*, —
« ont des succursales dans toutes les villes impor-
« tantes... Allez où vous voudrez, vous trouverez
« les socialistes qui travaillent cordialement avec
« l'aînée ou la cadette de ces deux administra-
« tions ou avec les deux à la fois. De plus, la *Fabian*
« *Society*, qui exerce encore quelque influence
« sur la classe moyenne, les *Labour and Bro-*
« *therhood Churches* et quelques petites socié-
« tés indépendantes travaillent dans divers
« centres à saper les vieilles opinions écono-
« miques et politiques. On a créé une biblio-
« thèque complète de livres et pamphlets
« socialistes écrits en anglais... Aujourd'hui
« des poètes et des professeurs, des artistes et
« des écrivains, des hommes de science et des
« hommes d'affaires, des ingénieurs, des archi-
« tectes, des entrepreneurs de grand talent se
« proclament ouvertement socialistes, c'est-à-
« dire partisans de la propriété et du contrôle
« de la Communauté sur les grandes forces
« productrices de richesses dans la société

« moderne... L'Église a, comme d'ordinaire,
« suivi le courant populaire et, sans parler des
« socialistes chrétiens — qui sont très nom-
« breux, — beaucoup de membres du clergé ont
« adopté nos remèdes comme nécessaires pour
« arrêter les ruines qui s'amoncellent autour
« d'eux, et même un personnage aussi impor-
« tant que l'évêque de Durham a déclaré, dans
« l'une de ses adresses, que le capitalisme était
« loin d'être la dernière forme de la société
« dans l'histoire du développement de l'huma-
« nité. »

Les résultats de ces progrès et de cette organisation ont été établis d'une façon éclatante
aux dernières élections du Conseil Municipal de
Londres (*London County Council*), en mars 1898.
Contre toute attente, les « progressistes » ont
été élus à une grande majorité ; et ces « progressistes » sont plutôt des socialistes si l'on
songe que, d'après leur programme, le Conseil
Municipal doit prendre sous sa direction l'appro-
visionnement d'eau et de gaz, les omnibus, les
tramways, les logements ouvriers et même les
boulangeries. L'un des conseillers municipaux

n'a pas craint de déclarer devant une commission parlementaire que toutes ses sympathies allaient aux ouvriers, et qu'il lui était absolument égal que les impôts locaux, calculés sur la valeur matricielle des maisons, fussent de 20 shillings par livre sterling, c'est-à-dire de cent pour cent, étant donné que, si on laisse faire les progressistes, ce sont les propriétaires seuls qui paieront.

L'opinion publique anglaise a enfin commencé à comprendre le danger de cette poussée folle du prolétariat dans un pays où existent déjà l'impôt sur le revenu, les tribunaux agraires, l'impôt progressif sur les successions et la loi des « allotments » : cette dernière loi oblige les propriétaires à morceler leur domaine pour concéder de petites locations d'une durée déterminée. Aussi, de toutes parts, des Associations capitalistes se sont formées et elles ont remporté une éclatante victoire dans la récente grève des mécaniciens du Royaume-Uni.

Je ne fais qu'indiquer ici cette question si intéressante. Il ne rentre pas dans le cadre de cette note d'exposer les raisons des premiers progrès des socialistes en France et les obstacles — que je me plais à croire insurmontables — auxquels ils vont se heurter bientôt : je voulais seulement ouvrir un aperçu sur le mouvement socialiste anglais.

NOTE D

LES IRLANDAIS AUX ÉTATS-UNIS

Lettre de M. O'Connell,
Directeur du Bureau de Statistique à Washington

« Avant l'année 1820, » écrit le 7 mars 1871, dans son rapport spécial sur l'immigration, le Dr Édouard Young, qui fut chef du Bureau des Statistiques, « on ne tenait aucun registre officiel de l'immigration aux États-Unis. » Il est donc impossible de fixer antérieurement à 1820 le nombre des émigrants irlandais. Mais d'après les rapports qui furent faits par la suite, nous pouvons induire que l'émigration irlandaise, de tout temps, fut de beaucoup la plus importante des Iles Britanniques.

« Depuis 1820, nous possédons les statistiques officielles du nombre et de la nationalité des immigrants. Elles établissent que, de 1820 à 1870, inclusivement, 7.803.865 étrangers s'établirent aux États-Unis ; sur ce nombre, 3.857.850 seulement venaient des Iles Britanniques et voici comment ils se décomposaient :

	Nombre	%
Angleterre	516.192	13,38
Irlande	2.700.493	70,00
Écosse	84.623	2,19
Galles	12.435	0,32
Divers	544.107	14,11
Total	3.857.850	100,00

« Pendant la décade de 1820 à 1830, le nombre des immigrants venus d'Irlande s'éleva à 57.278 sur un total de 81.827 venus des Iles Britanniques : il fut donc d'environ 70 0/0 ; pendant la décade finissant en 1840, les Irlandais se trouvèrent 198.233 sur 283.191 venus du Royaume-Uni, c'est-à-dire dans la proportion d'environ 70 0/0 ; dans la décade qui se termine en 1850, les Irlandais comptaient 733.434 immigrants sur 1.047.783, etc.

« On voit donc que, durant une période de cinquante années, l'immigration irlandaise aux

États-Unis s'éleva à environ 70 0/0 de la population totale venue des Iles Britanniques.

. . . .
. . . .

« Les Irlandais s'assimilent au peuple américain plus facilement que tous les autres Européens. Jamais ni un Anglais, ni un Écossais ne deviennent complètement Yankees, tandis qu'un immigrant irlandais est Américain dans toutes ses aspirations depuis le moment où il met le pied sur notre sol. Enfin il faut reconnaître que l'Irlande a fourni de la cervelle, des os, des muscles et de la force intellectuelle et physique de notre peuple cinq fois plus que l'Angleterre, à laquelle il est de mode aujourd'hui de faire remonter l'origine de notre nation et de nos institutions anglo-saxonnes.

. . . .
. . . .

« Lorsque nos pères secouèrent le joug britannique, les Irlandais formaient le sixième ou le septième de la population totale, et le quart des officiers de l'armée de terre et de mer étaient d'origine irlandaise. Le premier officier général

tué dans une bataille, le plus ancien officier
d'artillerie, le premier chef d'escadre, le premier vainqueur auquel fut rendu sur mer le
pavillon anglais, et le premier officier qui s'em-
para d'une forteresse furent des Irlandais ; et
les émigrants de l'Ile Verte épousèrent avec
tant d'enthousiasme la cause de la liberté que
lord Mountjoy déclara au Parlement Britannique : « Ce sont les Irlandais qui vous ont fait
perdre l'Amérique. »

« Qui étaient les Carroll, les Rutledge, les
Fitzsimmon, les Mac-Kean de la Révolution ?
D'où venaient Andrew Jackson, J.-C. Calhoun et
Mac-Duffie ? et l'auteur du projet du canal Erie,
l'inventeur du premier bateau à vapeur et le
constructeur du premier chemin de fer américain ? »

FIN

TABLE DES MATIÈRES

TOURS. — IMPRIMERIE DESLIS FRÈRES, 6, RUE GAMBETTA.